职业教育提质培优人文素养系列丛书

诵读，追逐梦想的启航

（第三册）

马建春　王广武　汤英俊　主　编

中国商业出版社

图书在版编目（CIP）数据

诵读，追逐梦想的启航. 第三册 / 马建春，王广武，汤英俊主编. -- 北京：中国商业出版社，2023.6
（职业教育提质培优人文素养系列丛书）
ISBN 978-7-5208-2510-8

Ⅰ.①诵… Ⅱ.①马… ②王… ③汤… Ⅲ.①人文素质教育－职业教育－教材 Ⅳ.①G40-012

中国国家版本馆CIP数据核字（2023）第108081号

责任编辑：管明林

中国商业出版社出版发行
（www.zgsycb.com 100053 北京广安门内报国寺1号）
总编室：010-63180647 编辑室：010-83114579
发行部：010-83120835/8286
新华书店经销
句容市排印厂印刷
*
787毫米×1092毫米 16开 13.5印张 242千字
2023年6月第1版 2023年6月第1次印刷
定价：39.80元
****

职业教育提质培优人文素养系列丛书
诵读，追逐梦想的启航

编写指导委员会

诵/读/追/逐/梦/想/的/启/航

PREFACE 前言

知识改变世界，读书丰富人生。经典作品是民族精神的源头，人类文化的瑰宝，闪耀着永恒的光芒。它植根于过去，却穿透时间的长河，历久弥新，泽被后世，应该把这些经典嵌在学生脑子里，成为中华民族文化的基因。

中职教育的本质是培养德智体美劳全面发展的社会主义建设者和接班人，立德树人是根本任务，利用晨读时间开展诵读活动无疑是连接思想道德教育和人文素养教育的桥梁。

站在新时代的历史交会点，青年学子诵读经典，可以增加知识积累，可以充实精神生活，可以开拓思考空间，也可以陶冶审美情感，从而逐渐养成博大宽厚的思想、人格，陶冶出生命的深度和高度。具体说，诵读经典有助于健康的世界观、人生观和价值观的形成。中职阶段的学生是未成年人，正处在“三观”形成的最佳时期，好书好文章的浸润正当其时；诵读经典有助于学生健全人格，研习礼仪，端正行为，固化伦理道德，提高感悟能力和审美能力；诵读经典有助于终身学习能力的培养。经典中包含的丰富智慧是走出校园、适应社会并实现人生发展的基本要素。通过诵读经典，使学习能力从职业教育向后续更广阔的终身教育阶段迁移顺理成章。

本丛书基于中职学生学情选编，选文立足中华文化经典，兼顾其他民族优秀作品，古今并蓄、题材广泛、文体多样、篇幅适中、文质兼美、诵读性强，既注重传统文化内涵，又体现当今时代精神。一方面，使同学们在青春岁月里不至于与那些流芳百世、曾经给世世代代的人们以精神滋养的传统经典擦肩而过；另一方面，又能打开面向社会的窗口，让同学们读到那些充满朝气与活力、散发着时代气息的优秀作品。目的在于引导学生通过阅读经典文学作品，初步学会赏析各类文学作品，从而领悟传统文化特别是中华传统文化精神，提升人文素养。

本丛书共四册，书名统一为《诵读，追逐梦想的启航》，以第一册、第二册、第三册、第四册标识，定性为职业院校人文素养提升类丛书。各板块主题起始于“德”，落脚在“职”，依次为“大道至简　德行天下”“方圆相宜　行稳致远”“致福成义　礼达四方”“业道酬精　职场赢家”，四册一以贯之。依据学期时序和学生认知发展规律，思想性逐册提升。

各单元编写体例，依次为诵读主体、知人论世、阅读鉴赏、思考寄语四个部分，即诵读作品，了解作者或作品背景，阅读赏鉴要旨，提炼思想精华并予以寄语。

本丛书由江苏省连云港中等专业学校、江苏省溧阳中等专业学校、江苏省东海中等专业学校、江苏省金坛中等专业学校、徐州经济技术开发区工业学校、江苏省如皋中等专业学校、连云港海州中等专业学校、江苏省贾汪中等专业学校、无锡立信高等职业技术学校、江苏省连云港中医药高等职业技术学校、江苏省睢宁中等专业学校（排名不分先后）共11所学校联合编撰。具体分工如下。

第一册：主编为王云清（江苏省溧阳中等专业学校）、贾建军（江苏省如皋中等专业学校）、李国君（江苏省睢宁中等专业学校）；副主编为李茂金（徐州经济技术开发区工业学校）、江海漫（江苏省贾汪中等专业学校）、殷勇（江苏省连云港中等专业学校）、赵玉斌（江苏省东海中等专业学校）、张宇（江苏省金坛中等专业学校）。

第二册：主编为卞勇平（江苏省金坛中等专业学校）、王长斌（连云港海州中等专业学校）、王恬忠（江苏省溧阳中等专业学校）；副主编为陆克平（江苏省如皋中等专业学校）、刘名波（江苏省连云港中医药高等职业技术学校）、李叶（无锡立信高等职业技术学校）、汤琴（江苏省连云港中等专业学校）、常瑞娜（江苏省睢宁中等专业学校）。

第三册：主编为马建春（无锡立信高等职业技术学校）、王广武（江苏省连云港中等专业学校）、汤英俊（江苏省金坛中等专业学校）；副主编为刘辉（江苏省睢宁中等专业学校）、高远（连云港海州中等专业学校）、王向华（江苏省如皋中等专业学校）、吕超（江苏省溧阳中等专业学校）、张晓燕（徐州经济技术开发区工业学校）。

第四册：主编为袁荣高（江苏省连云港中医药高等职业技术学校）、盛君（江苏省贾汪中等专业学校）、吴国祥（江苏省连云港中等专业学校）；副主编为王晓忠（无锡立信高等职业技术学校）、王冬冬（江苏省东海中等专业学校）、倪善勇（江苏省睢宁中等专业学校）、李志斌（江苏省金坛中等专业学校）、史云富（江苏省溧阳中等专业学校）。

参编人员（排名不分先后）：

韩静、乔静、苗书铭（江苏省连云港中等专业学校）；

范勇、姚爱娟、程思良（江苏省溧阳中等专业学校）；

何芹、周琳璐、张雪瑶（江苏省东海中等专业学校）；

许琴、徐森、钱丽华（江苏省金坛中等专业学校）；

金宏博、陈洁莲（徐州经济技术开发区工业学校）；

郭小龙（江苏省如皋中等专业学校）；

吉羚、于梅、李青（连云港海州中等专业学校）；

袁克岚、宋银成（江苏省贾汪中等专业学校）；

唐星页、曹萍、魏爽（无锡立信高等职业技术学校）；

殷吉磊、刘玲、赵雯雯（江苏省连云港中医药高等职业技术学校）；

何福、常兴、蒋珍珍、刘羽（江苏省睢宁中等专业学校）。

由于编者水平有限，本丛书可能存在一些不足，欢迎广大读者提出宝贵意见。在编写过程中，直接或间接参阅、借鉴、引用了国内外大量文献资料，在此，对这些文献的著作者表示诚挚感谢！

编　者

2022年11月

诵/读/追/逐/梦/想/的/启/航

CONTENTS

目录

大道至简　德行天下

方圆相宜　行稳致远

致福成义　礼达四方

CONTENTS

业道酬精　职场赢家

大道至简　德行天下

1 投笔从戎

诵读主体

班超字仲升，扶风平陵人，徐令彪之少子也。为人有大志，不修细节。然内孝谨，居家常执勤苦，不耻劳辱。有口辩，而涉猎书传。

永平五年，兄固被召诣校书郎，超与母随至洛阳。家贫，常为官佣书以供养。久劳苦，尝辍业投笔叹曰："大丈夫无它志略，犹当效傅介子、张骞立功异域，以取封侯，安能久事笔砚间乎？"左右皆笑之。超曰："小子安知壮士志哉！"

知人论世

班超（32—102），东汉时期军事家、外交家，史学家班彪的幼子，其长兄班固、妹妹班昭也是著名史学家。

班超为人有大志，不修细节，但内心孝敬恭谨，审察事理。他博览群书，不甘于为官府抄写文书，投笔从戎，随窦固出征北匈奴，又奉命出使西域，为西域的回归做出了巨大贡献，官至西域都护，封定远侯，世称"班定远"。

永元十二年（100），班超因年迈请求回朝。永元十四年（102），抵达洛阳，被拜为射声校尉。不久后便病逝，享年71岁，死后葬于洛阳邙山。

阅读鉴赏

译文：

班超，字仲升，扶风郡平陵县人，是徐县县令班彪的小儿子。他为人很有志向，不拘小节，但内心孝敬父母，办事慎重，在家中常常辛勤地做粗活，不以干劳苦的事为耻。班超很有口才，博览群书。

汉明帝永平五年（62），班超的哥哥班固受朝廷征召担任校书郎，他便和母亲一起随同哥哥来到洛阳。因为家中贫寒，他常常受官府所雇以抄书来谋生糊口，天长日久，非常辛苦。他曾经停止工作，将笔扔置一旁叹息道："身为大丈夫，虽没有什么突出的计谋才略，总应该效仿傅介子和张骞出使他国立功，以封侯，怎么能够老是干抄抄写写的事情呢？”周围的人听了这话都笑他。班超便说道：“凡夫俗子又怎能理解志士仁人的襟怀呢？”

投笔从戎比喻文人放弃文化工作入伍。班超投笔从戎的故事是历史上的一段美谈。他一介书生，弃笔参军，体现了儒家思想中“修身、齐家、治国、平天下”的人生理想。班超凭借卓越的政治和军事才能，驻守西域31年，始终立足于分化、瓦解和驱逐匈奴势力，既维护了东汉安全，又加强了与西域各族之间的联系。班超为收复西域，促进民族融合，做出了巨大贡献。

思考寄语

所谓鸿鹄，见一叶而知天下秋，处一室而知四海阔，食一餐而明百般味。格局决定人生高度。只有将个人理想融入国家理想，才能成就惊天动地的伟业。胸怀国家是一种情怀，勇于奉献是一种担当。虽然我们的肩膀稚嫩，但我们可以沸腾灵魂；虽然我们的能力有限，但我们可以坚定信念。

2 示 儿

诵读主体

死去元知万事空，但悲不见九州同。
王师北定中原日，家祭无忘告乃翁。

知人论世

陆游（1125—1210），南宋文学家、史学家、爱国诗人。字务观，号放翁，越州山阴（今浙江绍兴）人。绍兴中应礼部试，被秦桧排斥。孝宗即位，赐进士出身，曾任镇江、隆兴通判。乾道六年（1170）入蜀，任夔州通判。乾道八年

（1172）任职于四川宣抚使王炎幕府。官至宝章阁待制，晚年退居家乡。工诗、词、文，长于史学。其诗今存九千余首，清新圆润、气势恢宏，有《剑南诗稿》《渭南文集》《南唐书》《老学庵笔记》《放翁词》《渭南词》等。

阅读鉴赏

译文：

原本知道死去之后就什么也没有了，只是会因为没能见到国家统一而感到悲伤。当大宋军队收复中原失地的那一天，你们举行家祭时不要忘记告诉我。

此诗为陆游绝笔，创作于宋宁宗嘉定二年（1209），此时的陆游已85岁，一病不起，临终前给儿子们写下了这首诗，这不仅是一份遗嘱，也是一声抗战的号角。

首句中“元知万事空”看似平常，却在全诗中起到重要作用。既看出了诗人不畏惧死亡的人生观，又为下文的“但悲”起到反衬作用。“元”“空”二字反衬出诗人“不见九州同”死不瞑目的心情。

第二句描写出诗人内心的悲伤与遗憾。此句表明作者心有不甘，向儿子们倾诉内心无法排解的极大痛苦。诗人临终前悲伤的不是个人生死，而是无法见到祖国统一。

第三句表明诗人虽然心情沉痛，但并未绝望。诗人的情感由悲痛转为激昂。因为他坚信总有一天，宋朝的军队必定能平定中原，光复失地。

第四句写出了诗人心中的无奈。无奈自己已看不到祖国统一，只能将希望寄托于后代。表达出诗人坚定的信念和悲壮的心境，充分显现出诗人的家国情怀。

全诗悲中有激昂。语言浑然天成，毫无雕饰，真情的流露，往往比刻意雕琢更动人。此诗既有诗人对抗金大业未完成的遗憾，也有对神圣事业必成的坚定信念。

思考寄语

无论在知识分子的视野里，还是在当下学术语境中，“爱国诗人”都是陆游的主要标签。陆游是中国古代诗词留存最多的诗人，留下的近万首诗作中，近一半都在抒写家国情怀。诗作多反映百姓疾苦，寄予对民众的关切与同情。对于中国文人而言，家国情怀既是一种使命，也是一种担当。

3 君子行

诵读主体

君子防未然，不处嫌疑间。
瓜田不纳履，李下不正冠。
嫂叔不亲授，长幼不比肩。
劳谦得其柄，和光甚独难。
周公下白屋，吐哺不及餐。
一沐三握发，后世称圣贤。

知人论世

曹植（192—232），字子建，沛国谯县（今安徽省亳州市）人，是曹操与武宣卞皇后所生第三子，生前曾为陈王，去世后谥号“思”，因此又称陈思王。

曹植是三国时期著名文学家，建安文学的代表人物。其代表作有《洛神赋》《白马篇》《七哀诗》等。后人因其文学上的造诣而将他与曹操、曹丕合称为“三曹”。其诗以笔力雄健和词采华美见长，留有集三十卷，已佚，今存《曹子建集》为宋人所编。曹植的散文具有“情兼雅怨，体被文质”的特色，加上其题材多样，使他在这方面取得了卓越的成就。南朝宋文学家谢灵运有“天下才有一石，曹子建独占八斗”的评价。《诗品》的作者钟嵘亦赞曹植“骨气奇高，词采华茂，情兼雅怨，体被文质，粲溢今古，卓尔不群”。清朝初期文学家王士祯将其与李白、苏轼并论，为汉魏以来两千年间诗家“仙才”。

阅读鉴赏

诗文开篇立论，君子应该防患于未然，不将自己置身于容易引起嫌疑的处境。《周易·既济》中也曾指出：“君子以思患而豫防之。”

作者举例说明如何做到“不处嫌疑间”。第一，不要在瓜田旁弯下身去提鞋，因为这种行为容易引起别人的猜疑，认为你在偷摘田里的瓜。第二，不要在李子树下整理自己的帽子，因为这种行为容易引起别人的猜疑，认为你在偷摘树上的李子。成语“瓜田李下”便出于此处。第三，叔嫂间不应亲手递受物品。“淳于髡曰：‘男女授受不亲，礼与？’孟子曰：‘礼也。’”《孟子·离娄上》。第四，长幼不能并肩而坐或并肩而行。主要指古代礼法中的长幼有序、尊卑分明。随后作者发出感叹，勤劳谦恭是修德的根本所在，内敛不露锋芒却比独处时约束自己还要难。古人认为君子应低调不张扬。《周易·系辞下》指出：“君子藏器于身，待时而动。”

最后，作者笔锋由君子的行为准则转为礼贤下士。以周公为例，说明真正的君子是周公姬旦礼贤下士。为了接待来访的贤士，他吃饭时要吐出口内食物停止用餐，洗头时要三次握住湿漉漉的头发。因此，后人将周公称为“圣贤之人”。

曹操曾在《短歌行》中写下：“周公吐哺，天下归心。”此处的曹植也在以周公自比，表达自己礼贤下士、忠君报国、建功立业的理想抱负。在曹丕即位后，曹植处处受到限制和打击，但他仍胸怀国家。曹叡即位后，35岁的曹植仍多次上奏恳请被任用，但是曹叡只是给予了口头嘉许，232年，曹植在忧郁中病逝。

思考寄语

古代君子凡事谨慎，如履薄冰，时刻警惕“瓜李之嫌”。虽然做事无须畏惧别人的眼光，但在如今这个几乎透明的网络时代，也应该适当避嫌，通过舆论来监督自己，时刻提醒自己保持行为规范。

4 竹 石

诵读主体

咬定青山不放松，立根原在破岩中。
千磨万击还坚劲，任尔东西南北风。

知人论世

郑板桥（1693—1766），原名郑燮，字克柔，号理庵，又号板桥，人称板桥先生，江苏兴化人，祖籍苏州。清代书画家、文学家。

康熙年间考中秀才，雍正十年（1732）考中举人，乾隆元年（1736）考中进士，做过山东范县、潍县县令，政绩显著，后客居扬州，以卖画为生，为“扬州八怪”代表人物。

郑板桥一生只画兰、竹、石，自称“四时不谢之兰，百节长青之竹，万古不败之石，千秋不变之人”。其诗书画，世称“三绝”，是清代比较有代表性的文人画家。代表作品有《修竹新篁图》《清光留照图》《兰竹芳馨图》《甘谷菊泉图》《丛兰荆棘图》等，著有《郑板桥集》。

阅读鉴赏

本诗既是一首咏物诗，又是一首题画诗，赞美岩竹顽强、执着的品质。诗的开头用“咬定”二字，将岩竹拟人化，传达出它的神韵；后两句写岩竹的品格，虽然历经无数磨难，但依然身姿挺拔，不惧怕来自东西南北的狂风。

郑燮不仅写竹子美，而且画竹子也美，用他的话说是“凡吾画兰画竹石画，用以慰天下之劳人”。此诗表面写竹，实则写人，写作者自己那种正直倔强的性格，不向邪恶势力低头的高傲风骨。这首诗给我们以生命的感动，在恶劣的环境中，战胜困难，面对现实，像岩竹那般刚强勇毅，体现出爱国者的情怀。这首诗常被用来形容人的坚定立场和受到敌人打击时决不动摇的品格。

思考寄语

郑板桥“怪”在忧国忧民的士大夫情怀，他身居陋室而心怀天下，一生都没有放弃过对天下百姓的关心，即使被罢官，靠卖画为生，依然帮助穷困百姓。他从不给倚仗财势的财主们、倚官仗势的官吏们作画。现代人要学习郑板桥坚韧顽强的铮铮铁骨和体念苍生的博大胸怀。

5 兰亭集序

诵读主体

永和九年，岁在癸丑。暮春之初，会于会稽山阴之兰亭，修禊事也。群贤毕至，少长咸集。此地有崇山峻岭，茂林修竹；又有清流激湍，映带左右，引以为流觞曲水，列坐其次。虽无丝竹管弦之盛，一觞一咏，亦足以畅叙幽情。

是日也，天朗气清，惠风和畅。仰观宇宙之大，俯察品类之盛，所以游目骋怀，足以极视听之娱，信可乐也。

夫人之相与，俯仰一世，或取诸怀抱，悟言一室之内；或因寄所托，放浪形骸之外。虽趣舍万殊，静躁不同，当其欣于所遇，暂得于己，快然自足，曾不知老之将至。及其所之既倦，情随事迁，感慨系之矣。向之所欣，俯仰之间，已为陈迹，犹不能不以之兴怀；况修短随化，终期于尽。古人云：“死生亦大矣。”岂不痛哉！

每览昔人兴感之由，若合一契，未尝不临文嗟悼，不能喻之于怀。固知一死生为虚诞，齐彭殇为妄作。后之视今，亦犹今之视昔，悲夫！故列叙时人，录其所述，虽世殊事异，所以兴怀，其致一也。后之览者，亦将有感于斯文。

知人论世

王羲之（303—361），字逸少，号澹斋，原籍琅琊临沂（今属山东临沂），后迁居山阴（今浙江绍兴），因曾任右将军，世称“王右军”“王会稽”。王羲之兼善隶、草、楷、行各体，精研体势，心摹手追，博采众长，备精诸体，冶于一炉，摆脱了汉魏笔风，自成一家，影响深远，创造出“天质自然，丰神盖代”的行书。代表作品有：楷书《乐毅论》《黄庭经》，草书《十七帖》，行书《姨母帖》《快雪时晴帖》《丧乱帖》，行楷书《兰亭集序》等，东晋的书法家，被后人尊为“书圣”，与儿子王献之合称“二王”。

《兰亭集序》又名《兰亭宴集序》《兰亭序》《临河序》《禊序》《禊贴》。东晋穆帝永和九年（353）三月初三，王羲之与谢安、孙绰等四十一人在山阴（今浙江绍兴）兰亭举行风雅集会。与会者临流赋诗，各抒怀抱，抄录成集，大家公推此次聚会的召集人——德高望重的王羲之写一序文，记录这次雅集，即《兰亭集序》。《兰亭集序》中记叙兰亭周围山水之美和聚会的欢乐之情，抒发作者对于生死无常的感慨。

阅读鉴赏

译文：

永和九年，时在癸丑之年，三月上旬，我们会集在会稽郡山阴城的兰亭，为了做禊祭这件事。诸多贤士能人都会聚到这里，年长、年少者都聚集在这里。兰亭这个地方有高峻的山峰，茂盛高密的树林和竹丛；又有清澈激荡的水流，在亭子的左右辉映环绕，我们把水引来作为漂传酒杯的环形渠水，排列坐在旁边，虽然没有管弦齐奏的盛况，但喝酒作诗也足够畅快表达幽深内藏的感情。

这一天，天气晴朗，和风习习，抬头综观广阔的天空，俯瞰大地上繁多的万物，可以纵目四望，开阔胸怀，足够极尽视听的欢娱，实在很快乐。

人与人相互交往，很快便度过一生。有的人在室内畅谈自己的胸怀抱负；有的人就着自己所爱好的事物，寄托自己的情怀，不受约束，放纵无羁地生活。虽然各有各的爱好，安静与躁动各不相同，但当他们对所接触的事物感到高兴时，一时感到自得、高兴和满足，竟然不知道衰老将要到来。等到对于自己所喜爱的事物感到厌倦时，心情随着当前的境况而变化，感慨随之产生。过去所喜欢的东西，转瞬间已经成为旧迹，尚且不能不因为它引发心中的感触，况且寿命长短，听凭造化，最后归结于消灭。古人说：“死生毕竟是件大事啊。”怎么能不让人悲痛呢？

每当我看到前人兴怀感慨的原因，与我所感叹的好像符契一样相合，没有不面对着他们的文章而嗟叹感伤的，在心里又不能清楚地说明。本来知道把生死等同的说法是不真实的，把长寿和短命等同的说法是妄造的。后人看待今人，也就像今人看待前人。可悲呀！所以一个一个记下当时与会的人，录下他们所作的诗篇。纵使时代变了，事情不同了，但触发人们情怀的原因，他们的思想情趣是一样的。后世的读者，也将对这次集会的诗文有所感慨。

《兰亭集序》文章集叙事、写景、抒情、议论于一体，文笔腾挪跌宕，变化奇特，以适应表现富有哲理的思辨的需要。

全文可分为前后两个部分。前一部分主要是叙事、写景，先叙述集会的时间、地点。然后点染出兰亭优美的自然环境：山岭蜿蜒，清流映带；又风和日丽，天朗气清，仰可以观宇宙之无穷，俯可以察万类之繁盛。在这里足以“游目骋怀”“极视听之娱”，可以自由地观察、思考，满足人们目视耳闻的需求。这里正是与会者“畅叙幽情”、尽兴尽欢的绝好处所。这些描写都富有诗情画意，作者的情感也是平静、闲适的。

后一部分，笔锋一转，变为抒情、议论，由欣赏良辰美景、流觞畅饮，而引发乐与忧、生与死的感慨，作者的情绪顿时由平静转向激荡。他说：人生的快乐是极有限的，待快乐得到满足时，就会感觉兴味索然。往事转眼间便成了历史，人到了生命的尽头都是要死的。由乐而生悲，由生而到死，这就是他此时产生的哲理思辨。他认为“一死生为虚诞，齐彭殇为妄作”，从而进一步深入地探求生命的价值和意义，并产生了一种珍惜时间、眷恋生活、热爱文明的思考。到篇末处，作者的情绪趋于平静，感慨人事在变迁，历史在发展，由盛到衰，由生到死，都是必然的。

思考寄语

虽然《兰亭集序》早已成为陈迹，但作者对自然、生死、生命的哲学思考依然值得后人品味。大自然的美景不仅能洗涤虚荣浮躁的心灵，还能让人们得到心灵的寄托。生与死是永恒的主题，“死生亦大矣”，生死变化最为无常，最让人无奈。正因如此，作者才要著文章留传后世，以承袭前人，启示来者。

6 出师表

诵读主体

先帝创业未半而中道崩殂，今天下三分，益州疲弊，此诚危急存亡之秋也。然侍卫之臣不懈于内，忠志之士忘身于外者，盖追先帝之殊遇，欲报之于陛下也。诚宜开张圣听，以光先帝遗德，恢弘志士之气，不宜妄自菲薄，引喻失义，以塞忠谏之路也。

宫中府中，俱为一体，陟罚臧否，不宜异同。若有作奸犯科及为忠善者，宜付有司论其刑赏，以昭陛下平明之理，不宜偏私，使内外异法也。

侍中、侍郎郭攸之、费祎、董允等，此皆良实，志虑忠纯，是以先帝简拔以遗陛下。愚以为宫中之事，事无大小，悉以咨之，然后施行，必能裨补阙漏，有所广益。

将军向宠，性行淑均，晓畅军事，试用于昔日，先帝称之曰能，是以众议举宠为督。愚以为营中之事，悉以咨之，必能使行阵和睦，优劣得所。

亲贤臣，远小人，此先汉所以兴隆也；亲小人，远贤臣，此后汉所以倾颓也。先帝在时，每与臣论此事，未尝不叹息痛恨于桓、灵也。侍中、尚书、长史、参军，此悉贞良死节之臣，愿陛下亲之信之，则汉室之隆，可计日而待也。

臣本布衣，躬耕于南阳，苟全性命于乱世，不求闻达于诸侯。先帝不以臣卑鄙，猥自枉屈，三顾臣于草庐之中，咨臣以当世之事，由是感激，遂许先帝以驱驰。后值倾覆，受任于败军之际，奉命于危难之间，尔来二十有一年矣。

先帝知臣谨慎，故临崩寄臣以大事也。受命以来，夙夜忧叹，恐托付不效，以伤先帝之明，故五月渡泸，深入不毛。今南方已定，兵甲已足，当奖率三军，北定中原，庶竭驽钝，攘除奸凶，兴复汉室，还于旧都。此臣所以报先帝而忠陛下之职分也。至于斟酌损益，进尽忠言，则攸之、祎、允之任也。

愿陛下托臣以讨贼兴复之效，不效，则治臣之罪，以告先帝之灵。若无兴德之言，则责攸之、祎、允等之慢，以彰其咎；陛下亦宜自谋，以咨诹善道，察纳雅言，深追先帝遗诏。臣不胜受恩感激。

今当远离，临表涕零，不知所言。

知人论世

诸葛亮（181—234），字孔明，号卧龙，琅琊阳都（今山东省临沂市沂南县）人，三国时期蜀汉丞相，杰出的政治家、军事家、散文家、书法家。在世时被封为武乡侯，死后追谥忠武侯，东晋时追封他为武兴王，故后世常以“武侯”“诸葛武侯”尊称诸葛亮。诸葛亮为匡扶蜀汉政权，呕心沥血，鞠躬尽瘁，死而后已。其散文代表作有《出师表》《诫子书》等。曾发明木牛流马、孔明灯等，并改造连弩，叫作诸葛连弩，可一弩十矢俱发。于234年在五丈原（今陕西省宝鸡市岐山县境内）逝世。诸葛亮在后世受到极大尊崇，成为忠臣楷模、智慧化身。成都、宝鸡、汉中、南阳等地有武侯祠。诸葛亮一生鞠躬尽瘁、死而后已，是中国传统文化中忠臣与智者的代表人物。

阅读鉴赏

译文：

先帝开创大业未完成一半却中途去世了。现在天下分为三国，我们蜀汉国力困弊，处境艰难，这实在是国家危急存亡的时刻啊。然而侍卫臣僚在都城内勤劳不懈，忠诚有志的将士们在战场上奋不顾身，这是他们追念先帝的特别的知遇之恩，想要报答陛下。陛下你应该广泛地听取别人的意见，来发扬光大先帝遗留下来的美德，振奋有远大志向的人的志气，不应过分地看轻自己，援引不恰当的譬喻，以堵塞忠言进谏的道路。

皇宫中和朝廷中本就是一个整体，赏罚褒贬，不应该有所不同。如果有为非作歹触犯法令和忠心做善事的人，都应该交给主管官吏评定对他们的惩奖，来显示陛下公正严明的治理，而不应当有偏袒和私心，使宫内和朝廷奖罚方法不同。

侍中、侍郎郭攸之、费祎、董允等人，都是善良诚实的人，他们的志向和心思忠贞不贰，所以先帝把他们选拔出来辅佐陛下。我认为宫中之事，无论大小，都拿来问问他们，然后施行，一定能够弥补缺点和疏漏之处，可以获得很多的好处。

将军向宠，性格和品行善良平和，通晓军事，从前任用的时候，先帝称赞他有才干，因此大家评议举荐他做中部督。我认为军队中的事情，都拿来跟他商讨，就一定能使军队团结一心，不同才能的人各得其所。

亲近贤臣，疏远小人，这是西汉兴盛的原因；亲近小人，疏远贤臣，这是东汉衰败的原因。先帝在世的时候，每逢跟我谈论这些事情，对于桓帝、灵帝没有一次不（发出叹息）感到痛心遗憾的。侍中、尚书、长史、参军，这些人都是忠贞诚实、能够以死报国的忠臣，希望陛下亲近他们，信任他们，那么汉朝的复兴就指日可待了。

我本来是平民百姓，在南阳务农亲耕，只想在乱世中苟且保全性命，不奢求在诸侯之中扬名显身。先帝不因为我身份卑微、见识短浅，而委屈自己，三次去我的茅庐拜访。征询我对时局大事的意见，由此使我感动奋发，答应为先帝奔走效劳。后来遇到兵败，在兵败的时候接受任务，在危难之时奉行使命，那时以来已经有21年了。

先帝知道我做事小心谨慎，所以临终时把国家大事托付给我。接受遗命以来，我早晚忧愁叹息，唯恐先帝托付给我的事不能完成，以致损伤先帝的知人之明，所以我五月渡过泸水，深入人烟稀少的地方。现在南方已经平定，兵员装备已经充足，应当激励、率领全军将士向北方进军，平定中原，希望用尽我平庸的才能，铲除奸邪凶恶的敌人，恢复汉朝的基业，回到旧日的国都。这就是我用来报答先帝，并且尽忠陛下的职责本分。至于处理事务，斟酌情理，有所兴革，毫无保留地进献忠诚的建议，那就是郭攸之、费祎、董允等人的责任了。

希望陛下能够把讨伐曹魏、兴复汉室的任务托付给我，如果没有成功，就惩治我的罪过，从而告慰先帝的在天之灵。如果没有振兴圣德的建议，就责罚郭攸之、费祎、董允等人的怠慢，来揭示他们的过失；陛下也应自行谋划，征求、询问治国的好方法，采纳正确的言论，深切追念先帝临终留下的教诲。我蒙受大恩，感激不尽。

今天我将要告别陛下远行了，面对这份奏表禁不住热泪纵横，不知道该说些什么话。

《出师表》以恳切的言辞，针对当时的局势，反复劝勉后主刘禅要继承先主刘备的遗志，开张圣听，赏罚严明，亲贤远佞，以完成“兴复汉室”的大业，表现了诸葛亮“北定中原”的坚强意志和对蜀汉忠贞不贰的品格。上半部分，分析当时不容懈怠的政治形势，阐述开张圣听、内外同法、亲信贤良的必要性和迫切性，希望后主刘禅励精图治，迅速改变囿于西南一隅的被动局面；下半部分，回顾自己的一生经历，缅怀先帝“三顾茅庐”的知遇之恩，表明此次北伐务求成功的雄心壮志。

思考寄语

刘勰只用一个字“实”来评价《出师表》，即实情、实理、实事，文中字字是忠言，句句是忠心。无论是在中国历史上，还是在文学作品中，诸葛亮都是一位风云人物。“鞠躬尽瘁，死而后已”，早已成为无数仁人志士的座右铭。他留给我们后人的是一种人生、一种气概、一种精神。易中天先生将这种精神总结为心系天下的国士精神、审时度势的务实精神、鞠躬尽瘁的负责精神、公正廉明的法治精神。

7 天可度

诵读主体

天可度，地可量，唯有人心不可防。
但见丹诚赤如血，谁知伪言巧似簧。
劝君掩鼻君莫掩，使君夫妇为参商。
劝君掇蜂君莫掇，使君父子成豺狼。
海底鱼兮天上鸟，高可射兮深可钓。
唯有人心相对时，咫尺之间不能料。
君不见李义府之辈笑欣欣，笑中有刀潜杀人？
阴阳神变皆可测，不测人间笑是瞋。

知人论世

白居易（772—846），字乐天，号香山居士，又号醉吟先生，祖籍山西太原，到其曾祖父时迁居下邽，生于河南新郑，是唐代伟大的现实主义诗人。白居易与元稹共同倡导新乐府运动，世称“元白”，与刘禹锡并称“刘白”。白居易的诗歌题材广泛，形式多样，语言平易通俗，有“诗魔”和“诗王”之称。官至翰林学士、左赞善大夫。公元846年，白居易在洛阳逝世，葬于香山。有《白氏长庆集》传世，代表诗作有《长恨歌》《卖炭翁》《琵琶行》等。

阅读鉴赏

本诗是白居易组诗《新乐府》的第四十七首，与《太行路》相似，亦言人心之险，堪称姐妹篇。

开篇指出天地高深而可度可量，人心浅易却不可防范，富有哲学意味，明白易晓，令人警醒。

“但见丹诚赤如血，谁知伪言巧似簧。”一针见血，点到要害。忠和奸，诚和伪，相互对立又相互牵连；为人君者，如果忠奸不辨，真伪难分，便非常危险。

接下来五句扣人心弦。作者历数诈人之恶，劝告当今皇帝，既不要像昏君楚怀王那样听信爱妾郑袖的妖言，为其“掩鼻”把戏所耍，害得他与美人不能相爱，也不要像尹吉甫那样被妾妇所惑，为其“掇蜂”的阴谋手段所欺，害得父子反目相视，成为仇人。

“掩鼻”的典故出自《战国策·楚策》。魏王送给楚王一个美人，楚王非常喜欢。楚王夫人郑袖知道后，对美人说：“大王非常喜欢你，但讨厌你的鼻子。你见到大王时，捂住鼻子，大王就会长久地宠爱你。”美人听信了郑袖的话。楚王问郑袖：“美人见我时为什么捂住鼻子？”郑袖回答说：“美人讨厌闻到大王的气味。”楚王大怒，遂命人割掉了美人的鼻子。后世即以“掩鼻”为阴谋嫉害之典。

“掇蜂”的典故出自《琴操》。西周大臣尹吉甫正妻生下大儿子伯奇后去世。尹吉甫后又续弦。伯奇后母为独霸家产，将去掉蜂毒的毒蜂拴在衣服上，伯奇上前帮忙，后母却大喊：“伯奇勾引我。”尹吉甫大怒，把伯奇赶出家门，流放到荒野。后人把“掇蜂”作为离间的典故，泛指受人诬陷，父子反目。

诗人用凝练的语言概括“掩鼻”“掇蜂”两个典故，发人深省。但仅用两个故事，似乎还不足以把道理说透，于是作者又续写另外两个故事，一为任公子海上钓鱼之事，见于《庄子》；另一为魏王立于京台之下见更羸虚空射鸟而下的故事，见于《战国策》。

最后作者用“君不见”一语提领下文，点出“李义府”这个大奸臣，痛斥其“笑中有刀潜杀人”的阴谋伎俩。结尾两句是一篇的警策，作者用深邃的哲理语言，将此诗的内涵提升到更高更美的境界。

思考寄语

全诗以天地为心，坦露出一位谏官的赤诚之心。在宪宗时代连绵不断、复杂尖锐的政治斗争中，敢于把矛头直接指向皇帝，置个人生死于度外，唱出这样一曲字字铮铮震响的讽谏之歌，着实难能可贵。

8 致敬“逆行者”

诵读主体

庚子年春，风雪迎春时、万家团圆际，新冠病毒感染疫情却如梦魇肆虐。大“疫”当前，大“义”在肩。来不及用心思考，万千勇士毅然奔赴一线；等不得与家人商量，无数英雄决然扶危救困，护山河无恙，保家国安康。他们有一个亲切而又神圣的名字——“逆行者”。

致敬逆行者，你们的行动是“一堂课”。这堂课，既是学生们的“品德课”，也是大人们的“思政课”，更是每名中华儿女爱国、仁孝、忠诚、担当、奉献的“家国情怀课”。你们用进与退的果断抉择、生与死的无畏较量、苦与累的淡然面对，向我们证明“谁才是应该追崇的明星？”“谁才是这个时代的楷模？”“谁才是中华民族的脊梁？”古人讲：纸上得来终觉浅，绝知此事要躬行。战“疫”大考就是“现实大课”，大中小学生同学习，老中青三代共受教。南湘雅、北协和、东齐鲁、西华西，八方汇集；科学家、子弟兵、志愿者、农民工，一夜报到；若有战、召必回、攻必克、战必胜，以“命”战“疫”……在这个特殊的课堂上，我们每个人都是学生，都要沉下身、静下心去认真思考：经济飞速发展的时代，我们淡化了什么？忽视了什么？缺失了什么？我们要“学什么”“尚什么”“干什么”“怎么干”？这是我们每个人要学习的基本课题和终身课题，在春风化雨间、点滴浸润中，不断培塑团结奋斗、担责奋进的情怀与担当。

致敬逆行者，你们的形象是“一面旗”。这面旗帜，是生动的教材，是新时代社会主义核心价值观的最好教育、最强宣示和最美感召。“哪有什么白衣天使？不过是一群孩子换了一身衣服，学着前辈的样子治病救人，和死神抢人罢了”“我送些新鲜的菜来，这是最新鲜的，我只有这么多了”“1998年抗洪我在一线，2008年冰灾我在一线，这次疫情,我理所当然也该去”……一名勇士一道风景，没有豪言壮语，只有拳拳心、切切情，转身逆行，留下背影；一枚党徽一生信守，没有“给我上”，只有“看我的”“跟我上”，冲锋在前，扑在“疫”线。人民危难至上，国家利益至重，忠诚奉献至要，把信仰、信念和追求植于心、化于行、践于责，“让党旗在疫情防控第一线高高飘扬”。党旗军旗交相辉映，团结和引领着“战斗队”“志愿队”“服务队”的队旗，汇成心中一往无前、战“疫”制胜的大旗。旗之所至，力之所向、智之所聚。

致敬逆行者，你们的精神是“一盏灯”。这盏明灯，是“茫茫九派”中的巍然塔台，给人以方向；是“沉沉一线”上的动力车头，给人以力量；是“烟雨莽苍”下的一抹亮绿，给人以内心的坚强、生命的希望。面对阴霾、寒冷、病痛和惊慌，这盏灯温暖了你我，点化了他人，照亮了路人。一人拾柴止于炊，星火汇聚可燎原。钟南山院士，以84岁的高龄，第一时间坐高铁进入疫区，人们担心其身体却又在惊慌中感到踏实；陆军军医大学护士刘丽，闻令而行驰援武汉，脸上深深的口罩压痕是最美风景却令人心疼；云南红河州河口瑶族自治县93户贫困农民捐出赖以生计的22吨香蕉，浩浩荡荡的摩托大军星夜驶出大山，善良朴实，催人泪目；湖南常德“90后”小伙郝进，无偿捐出用打工工资换来的1.8万个口罩，话语平淡却心有大义，感谢有你，感谢有你们……“一湖分两岸、荆楚本一家”“一方有难、八方支援”，华夏儿女此呼彼应、奔告相援，危难显本色，患难见真情。所有这些，彰显的是什么？是中国声音，是中国力量，是中国精神！就像世界卫生组织的官员说的：中国应对疫情的努力，值得我们感激和尊重。

致敬逆行者，你们的事迹是“一把尺”。这把尺，量出了新时代的精神标高。抗“疫”之战，没有硝烟炮火，也没有刀光剑影，有的却是比有形的敌人更狡猾隐蔽的病毒。“愿得此身长报国，何须生入玉门关。”逆行者们用科学精神、献身精神和胜战精神，向我们诠释了什么是党性？什么是人性？这把尺，量出了人世间的美丑善恶，让有些人看到了差距，找准了不足，审视了自我，明确了方向，激励我们知重负重迎难而上，舍我其谁敢打必胜。这把尺，“度”出了觉人觉己的新境界。对于孩子，要引导他们“从小学先锋，长大当先锋”，让红色故事启人心智，让红色基因融入血脉，让红色精神永续永存；对于自己，要“见贤思齐焉，见不贤而自省也”，修身齐家，修智强能，修业建功，修德报国；对于老人，要保持“谁道人生无再少，门前流水尚能西”的激情，做到守德于己，传德于人，立德于后。《菜根谭》中讲“小处不渗漏，暗处不欺隐，末路不怠荒，才是真英雄”，重小才能见大，固基方能修远，勤思则可通达。

疫情当前，谁在逆行？是耄耋院士、是白衣护士、是迷彩战士、是布衣勇士！疫情当前，谁在逆行？是我、是你、是他……是无数的中华民族优秀儿女。塑形导向源于点滴，家国情怀发自你我，争当先锋行在当下。

知人论世

逆行者，指在困难面前逆向而行的人。2020年11月8日，“逆行者”被《青年文摘》评选为“2020十大网络热词”。同年12月4日，“逆行者”入选《咬文嚼字》“2020年度十大流行语”。逆行者，不只是抗疫的医护人员，也是救火的消防员、抗洪的战士、抗震的志愿者……逆行者是英雄们的总称。

阅读鉴赏

本文是一篇新闻时评。新闻时评，又称时事评论，简称时评，是传播者借助大众传播的工具和载体，对刚刚发生的新闻事实、现象、问题，在第一时间发表自己观点的一种有理性、有思想的论说形式。以议论时事为主，最初专指时事短评，现多指新闻性、针对性很强的个人署名的专栏评论。

本篇评论致敬的是坚守在新冠病毒感染疫情一线的广大工作者。“国有战、战必召、召必回、回必胜”是这些“逆行者”的口号。在这场战“疫”中，他们奋笔写下“请战书”，他们争分夺秒鏖战在施工现场，他们星夜驰援运送物资……他们选择了逆行，选择了用行动表达担当与承诺。他们用忙碌的背影诠释了生命的意义。

思考寄语

在此次新冠病毒感染疫情中，中国人民向世界展示了伟大的中国精神。中国精神有一股韧劲儿，“路漫漫其修远兮，吾将上下而求索”。中国精神有一股冲劲儿，“明知山有虎，偏向虎山行”。医护人员、人民解放军、政府工作人员、建筑工人、物资护送员、科研人员……他们肩负着全国人民的期盼，迎难而上，舍生忘死，展现了中国人民敢于面对一切困难而不被任何困难压倒的顽强意志。

9 平凡的世界（节选）

诵读主体

伟大的生命，不论以何种形式，将会在宇宙间永存。我们这个小小星球上的人类，也将继续繁衍和发展，直至遥远的未来。可是，生命对于我们来说又多么短暂。不论是谁，总有一天，都将会走向自己的终点。死亡，这是伟人和凡人共有的最后归宿。热情的诗人高唱生命的恋歌，而冷静的哲学家却说：死亡是自然法则的胜利……

是的，如果一个人是按自然法则寿终正寝，就生命而言，死者没有什么遗憾，活着的人也不必过分地伤痛。最令人痛心和难以接受的是，当生命的花朵正蓬勃怒放的时候，却猝然间凋谢了。

人类之树谁知凋落了多少这样的花朵。零落成泥碾作尘，只有香如故……

美丽的花朵凋谢了也是美丽的。

是的，美丽，美丽的花朵永不凋谢；那花依然在他心头开放……

瞧，又是春天了。复苏的万物就是生命的写照。

生活总是美好的，生命在其间又是如此短促；既然活着，就应该好好地活。

精神上的消沉无异于自杀。

有时候，往往一个极偶然的因素，就可能会改变一个人的生活。

……她懂得幸福不在于自己的丈夫从事什么样的职业，而在于两个人是否情投意合。金钱、荣誉、地位和真正的爱情并不相干——从古到今，向来如此！只要和自己所爱的人在一起，即便到天涯海角去生活也是幸福的。

不知为什么，他猛然间想起了叶赛宁的几句诗：不惋惜，不呼唤，也不啼哭……金黄的落叶堆满我心间，我已经再不是青春少年……

院墙下爆开了一丛金灿灿的迎春花。这就是生命！没有什么力量能扼杀生命。生命是这样顽强，它对抗的是整整一个严寒的冬天，冬天退却了，生命之花却蓬勃地怒放。你，为了这瞬间的辉煌，忍耐了多少暗淡无光的日月？你会死亡，但你也会证明生命有多么强大。死亡的只是躯壳，生命将涅槃，生生不息，并会以另一种形式永存。只要春天不死，生命就不死，就会有迎春的花朵年年岁岁开放。哦，迎春花……

生活似乎走了一个令人难以置信的圆。

但生活又不会以圆的形式结束。生命会一直走向前去！

知人论世

路遥（1949—1992），本名王卫国，出生于陕西省榆林市清涧县，中国当代作家，代表作有《平凡的世界》《人生》等。曾任中国作家协会陕西分会副主席。

路遥1949年12月2日出生于一个贫困的农民家庭，7岁时因为家里困难被过继给延川县农村的伯父。曾在延川县立中学学习，1969年回乡务农。回乡期间他做过许多临时性的工作，并在农村一小学教过一年书。1973年进入延安大学中文系学习，其间开始文学创作。大学毕业后，任《陕西文艺》（今为《延河》）编辑。1980年发表《惊心动魄的一幕》，获得第一届全国优秀中篇小说奖。1982年发表中篇小说《人生》，后被改编为电影。1988年完成百万字的长篇小说《平凡的世界》，该小说以其恢宏的气势和史诗般的品格，全景式地表现了改革开放时代中国城乡的社会生活和人们思想情感的巨大变迁，小说还未完成即在中央人民广播电台广播。路遥因此获得茅盾文学奖。1992年11月17日上午，路遥因病医治无效在西安逝世。

2018年12月18日，党中央、国务院授予路遥“改革先锋”称号，颁授改革先锋奖章，并把他评为鼓舞亿万农村青年投身改革开放的优秀作家。2019年9月

23日，《平凡的世界》入选“新中国70年70部长篇小说典藏”。2019年9月25日，路遥被评选为“最美奋斗者”。

阅读鉴赏

《平凡的世界》是用温暖的现实主义的方式来讴歌普通劳动者的文学作品。《平凡的世界》更具有人性的高度，作家把苦难转化为一种前行的精神动力。这部小说在展示普通小人物艰难生存境遇的同时，极力书写了他们克服重重困难的美好心灵与坚韧不拔的奋斗精神。作品中的主人公孙少安、孙少平是挣扎在贫困线上的青年人，但他们自强不息，依靠自己的顽强毅力与命运抗争，追求自我的道德完善。其中，孙少安是立足于乡土矢志改变命运的奋斗者；而孙少平是拥有现代文明知识、渴望融入城市的“出走者”。他们的故事构成了中国社会普通人人生奋斗的两种经验。

思考寄语

这部小说是对中华民族千百年来“自强不息、厚德载物”精神的传承。拼搏中追求的不仅仅是结果，还有奋斗的历程。正如史铁生所说的：“生命的意义就在于你能创造这过程的美好与精彩，生命的价值就在于你能够镇静而又激动地欣赏这过程的美丽与悲壮。”

10 霍去病墓读石

诵读主体

告别了空降兵头上那广阔的蓝天，我的着陆点选在了西汉青年将军霍去病的墓前，成了一位半路出家的守陵人。工作和爱好，使我时常徘徊于墓上和墓周的石头之间，端详着形体各异、纵横爬站的岩石，不放过每凿钎痕，每处字迹，反复地审读和考问：你从哪里来？来此做什么？尤其是在月上东山，夜深人静之时，这叩问，有时连自己也分不清，是在问石头呢，还是在问自身？

据有关史志记载，霍去病墓上的石头，是隆冬铺冰道从附近的南山中运来的。质地为“麻石”，学名叫火成岩，比较耐风化。当年，霍去病率军平叛匈奴，在祁连山一带屡战屡胜，战果最为辉煌。但霍去病英年早逝，生前汉武帝要为他修造府第，他曾以“匈奴未灭，何以家为”而拒绝，在他死后，汉武帝满怀痛惜之情，亲示要为他修造一座大墓，送葬时“军阵自长安至茂陵”，仪式非常隆重。堆竖在墓上的岩石，当是摹仿祁连山形状的。

霍去病墓建成后，剩下的石料，初看无用，其实不然。太史公最先把它上升到理论的高度来认识，说它是“旌功表勋”的。当初，中规中矩的石头，全都派上了用场，被埋入墓坑中；稍有一个平面的，被刻上官署之名如“左司空”或“平原乐陵”之类的题石，成为职官和军吏们到此督工的见证，从而身价不菲；还有的石头，虽然不能入墓或作为题记石，但有棱有角，于是就堆诸墓上，充当象征祁连山的峰石；最后，就剩下了既不方正，也无棱角的顽石，派不上用场只好把它们随便扔到墓上了事。可是寒来暑往，不甘寂寞的匠师们，却把像马的石头赋予马的腾跃，如虎的赐给它虎的气势，近鱼似龟的升华成浮游的精灵，形同猪牛的灌注以伏卧反刍的生命。当你接近它们时，似乎就能听到蠢蠢欲动的喘息和扑食嚼草的声音。雕塑风格大气磅礴，淋漓尽致地展现了西汉武帝王朝强盛的国力，显示了我们民族当时征服外部世界的坚强信心，“马踏匈奴”石雕就是其中一件扛鼎之作。

几千年来，它们僻处一隅，被弃置在荒草丛中，任凭风刮霜浸，雨剥雪蚀。到了20世纪60年代，才被陈列于墓侧，接受世人的注目和礼赞。历史的光阴与机遇，和这些石头开了一个偌大的玩笑，把它们原有的价值位次，进行了重新的排列：看似无用的，成了国之瑰宝，供芸芸众生瞻仰膜拜，吸引着学者研究探讨；而重用的，却难见天日，默默无闻于地下，尚不知要沉睡至何年何月。作为一个守陵人，朝夕与石头为伴，今天才算解读了它们曾经有过的酸辛苦辣，因为考古的书页的确太厚重，太深沉，需要借助于有力的杠杆才能翻动，才有机会对它们进行科学的探索和艺术的观照，从而撷取前所未有的信息。

与石为伍的工作是平淡的，但这平淡中亦有充实，亦有安详。我不是因为它们拥有今天的辉煌才对它们百般地呵护。它们走过了漫长的、不为人知的岁月。它们不为无用弃置而自卑，也不为现今的风光而忘形。它们始终耸立在霍去病墓旁，那流动变化的线条和厚重有力的团块间，积淀着中华民族传统文化的道德风尚，威武不屈、贫贱不移、宠辱不惊的民族气节，必将传扬万代，永寿无疆。

知人论世

霍去病（前140—前117），河东平阳（今山西省临汾市）人，西汉名将、军事家、民族英雄。霍去病用兵灵活，注重方略，不拘古法，善于长途奔袭、快速突袭和大迂回、大穿插、歼灭战。18岁为剽姚校尉，率领800骑兵深入大漠，两次功冠全军，封冠军侯。20岁时升任骠骑将军，指挥两次河西之战，歼灭和招降河西匈奴近10万人，俘匈奴祭天金人，直取祁连山。这是华夏政权第一次占领河西走廊，从此丝绸之路得以开辟。漠北之战消灭匈奴左部主力7万余人，封狼居胥，战后加拜大司马，与卫青同掌军政。元狩六年（前117），霍去病病逝，年仅24岁。武帝赐谥号景桓，陪葬茂陵，并仿照祁连山的形状为其修筑坟墓。

阅读鉴赏

霍去病墓，于武帝元鼎元年（前116年）建，位于茂陵东约1公里处，即今陕西省兴平市南位镇道常村西北，墓为山形。《汉书·卫青霍去病传》载："为冢象祁连山。"当地人俗称"石岭子"。

霍去病因有战功，被封为骠骑大将军，死后陪葬武帝茂陵旁。有大型石雕散置墓旁，以作纪念。石雕作于西汉元狩，有象、牛、马、猪、虎、羊、"怪兽吃羊"、"人与熊"和"马踏匈奴"等17件。多根据原石自然形态，运用圆雕、浮雕、线刻等手法雕刻而成。浑厚深沉，粗放豪迈，简练传神，一直为汉以后历代陵墓石刻艺术所继承，是现存时代最早、保存完整的成组石雕。

随着历史的变迁，霍去病墓石雕留给我们的不仅仅是艺术价值，更是精神价值。墓石所承载的威武不屈、贫贱不移、宠辱不惊等民族气节，必将激励后人砥砺前行。

思考寄语

霍去病生为奴子，长于绮罗，却从未沉溺于富贵荣华，他将国家安危和建功立业放在首位。"匈奴未灭，何以家为"的豪言壮语，仿佛金声玉振，折射出霍去病的博大胸怀、澄澈心境和高远志向。一往无前的勇敢，大义凛然的家国情怀，这是每个时代都希望年轻人具备的品质。

11 世说新语·道德第一

诵读主体

客有问陈季方[①]："足下家君太丘[②]，有何功德而荷天下重名？"季方曰："吾家君譬如桂树生泰山之阿[③]，上有万仞之高，下有不测之深；上为甘露所沾[④]，下为渊泉[⑤]所润。当斯之时，桂树焉知泰山之高，渊泉之深？不知有功德与无也。"

【注释】

① 陈季方：陈谌（chén），字季方，陈寔（shí）的儿子。

② 太丘：陈寔，字仲躬，颍川许县（今属河南）人。任太丘长，修洁清净。后曾遭党锢之祸。

③ 阿（ē）：山、水等弯曲的地方。

④ 沾：浸润。

⑤ 渊泉：深泉。

知人论世

《世说新语》是中国古代志人笔记的代表作，作者是刘义庆。全书共36篇，主要记载了东汉末年直至魏晋近300年间的人物故事，内容包罗万象，涉及政治、经济、文学、思想、习俗、民生等诸多方面，保存了大量非常珍贵的历史资料。

《世说新语》所载人物和故事，发生在魏晋南北朝这一特定的历史时期，所以要读通读懂《世说新语》，就必须首先了解当时的社会历史背景。切忌以现代人的观念和常识对魏晋时期的人物和故事进行品评，否则在理解上就难免出现南辕北辙的情况。

阅读鉴赏

译文：

有客人问陈季方说："您的父亲太丘，有什么功德，而担负了天下如此大的声名？”季方说：“我父亲就好比桂树生长在泰山的山弯里，上有万仞高的陡壁山峰，下有不可测量的深渊；树顶被甘露浸润，树根被泉水滋润。在这种时候，桂树哪里知道泰山有多高，深渊有多深呢？我不知道我父亲是有功德呢，还是没有功德。”

文中客人对陈季方的父亲享有盛名似有微词。陈季方的回答巧妙含蓄，文采斐然。一方面阐明了儿子不该议论父亲的儒家伦理观念；另一方面以泰山之高大烘托出了父亲的伟大形象和高深修养，颂扬了父亲的功德。父亲不是刻意地去追求那种好名声，就像桂树虽然生得高，但不是为了高而生在泰山山腰。

思考寄语

季方的智慧在于，让客人“于无声处听惊雷”。客人质疑季方父亲的声名，这种质疑在季方看来是在贬低父亲的英名。于是，在迂回的话语中，用精妙的比喻，既赞颂了父亲的功德无量，又委婉地批评了客人的质疑。

12 桃 夭

诵读主体

桃之夭夭，灼灼其华。之子于归，宜其室家。
桃之夭夭，有蕡其实。之子于归，宜其家室。
桃之夭夭，其叶蓁蓁。之子于归，宜其家人。

知人论世

《诗经》不仅是我国最早的一部诗歌总集，而且是一部反映当时社会状况的百科全书，是我国“现实主义”诗歌传统的源头及代表作。

《诗经》内容丰富，反映了劳动与爱情、战争与徭役、压迫与反抗、风俗与婚姻、祭祖与宴会，甚至天象、地貌、动物、植物等方方面面，是周代社会生活的一面镜子。共收入自西周初期至春秋中叶约500年间的诗歌311篇。又称《诗三百》，与《尚书》《礼记》《周易》《春秋》合称为五经。据传为孔子编定，最初称为《诗》，被汉代儒者奉为经典，乃称《诗经》。内容分为《风》《雅》《颂》三章，艺术表现手法为赋、比、兴。作为一部经典著作，对中国历史文化的产生和发展有着极其广泛而深远的影响，是中华民族宝贵的精神文化财富。

阅读鉴赏

《桃夭》是《诗经·国风·周南》里的一篇，是贺新婚歌，也即送新嫁娘歌。在新婚喜庆的日子里，伴娘送新娘出门，大家簇拥着新娘向新郎家走去，一路唱道："桃之夭夭，灼灼其华……"全诗分为三章，运用重章叠句手法，每章结构相同，只更换少数字句。

第一章以红灿灿的桃花比兴新娘的年轻娇媚、美丽容貌，娶到这样的姑娘，一家子怎不和顺美满呢！第二章以果实累累的桃树比喻新娘将会为男家多生贵子（旧观念多子多福），使其一家人丁兴旺，桃花开后，自然结果。第三章以枝叶茂密的桃树比兴新娘子将使一家如枝叶层出，永远昌盛。通篇以红灿灿的桃花、丰满鲜美的桃实、青葱茂盛的桃叶来比对新婚夫妇美好的青春，祝福他们的爱情像桃花般绚丽、桃树般长青。每章都先以桃起兴，继以花、果、叶兼作比喻，极有层次：由花开到结果，再由果落到叶盛；所含诗意也渐次变化，与桃花的生长相适应，自然质朴、浑然一体。这样反复咏赞，音韵缭绕；优美的乐句与新娘的美貌、爱情的欢乐交融在一起，十分贴切地渲染了新婚的喜庆气氛。

"桃之夭夭，灼灼其华。之子于归，宜其室家"，细细吟咏，一种喜气洋洋、让人快乐的气氛，充溢字里行间。"嫩嫩的桃枝，鲜艳的桃花。那姑娘今朝出嫁，把欢乐和美带给她的婆家。"你看，多么美好。这种情绪，这种祝愿，反映了人民群众对生活的热爱，对幸福、和美家庭的追求。

《桃夭》篇所表达的先秦人美的观念是什么样的？"桃之夭夭，灼灼其华"，艳如桃花，还不美吗？但这还不行，"之子于归，宜其室家"，还要有使家庭和睦的品德，这才完美。在当时人的思想观念中，艳如桃花、光彩夺目，只不过是"目观"之美，这还只是"尽美矣，未尽善也"，只有具备了"宜其室家"的品德，才算得上美丽的少女、合格的新娘。

思考寄语

无论是古代，还是现代，家庭都是社会的最基本单位，每个人都在追求幸福生活，当然希望家庭和睦、团结。娶亲是一件大事，因为它关系到家庭未来的前途，所以，对新人最主要的希望就是“宜其室家”。《桃夭》反映了这样一种思想：一个姑娘，不仅要有艳如桃花的外貌，还要有“宜室”“宜家”的内在美，也就是美与善之结合。拥有美与善的德行的女子，不仅是家庭的福祉，更是和谐社会的保障，这种观念即便跨越千年依然要秉持。

13 不为五斗米折腰

诵读主体

陶潜，字元亮，大司马侃之曾孙也。祖茂，武昌太守。潜少怀高尚，博学善属文，颖脱不羁，任真自得，为乡邻之所贵。尝著《五柳先生传》以自况曰：“先生不知何许人，不详姓字，宅边有五柳树，因以为号焉。闲静少言，不慕荣利。好读书，不求甚解，每有会意，欣然忘食。性嗜酒，而家贫不能常得。亲旧知其如此，或置酒招之，造饮必尽，期在必醉。既醉而退，曾不吝情。环堵萧然，不蔽风日，短褐穿结，箪瓢屡空，晏如也。常著文章自娱，颇示己志，忘怀得失，以此自终。”其自序如此，时人谓之实录。

以亲老家贫，起为州祭酒，不堪吏职，少日自解归。州召主簿，不就，躬耕自资，遂抱羸疾。复为镇军、建威参军，谓亲朋曰：“聊欲弦歌，以为三径之资可乎？”执事者闻之，以为彭泽令。在县，公田悉令种秫谷，曰：“令吾常醉于酒足矣。”妻子固请种粳。乃使一顷五十亩种秫，五十亩种粳。素简贵，不私事上官。郡遣督邮至，县吏白应束带见之，潜叹曰：“吾不能为五斗米折腰，拳拳事乡里小人邪！”义熙二年，解印去县，乃赋《归去来兮辞》。

知人论世

陶潜，指陶渊明（东晋诗人）（约365—427），字元亮，又名潜，私谥“靖节”，世称靖节先生，浔阳柴桑（今江西省九江市）人。东晋末至南朝宋初期伟大的诗人、辞赋家。曾任江州祭酒、建威参军、镇军参军、彭泽县令等职，最末一次出仕为彭泽县令，八十多天便弃职而去，从此归隐田园。他是中国第一位田园诗人，被称为“古今隐逸诗人之宗”，有《陶渊明集》。

阅读鉴赏

译文：

陶潜，字元亮，是大司马陶侃的曾孙。祖父陶茂，曾任武昌太守。他少年时心怀高尚，知识渊博，善于做文章，洒脱大方不拘谨，自得于真性情，被乡里邻居所看重。曾经作《五柳先生传》来形容自己：“先生不知道是什么人，不知道姓名，房子旁边有五棵柳树，所以以此为号。清闲安静少说话，不爱慕虚荣实利。喜欢读书，却不去穷根究底地解释，一旦对书的内容有所感悟，就高兴得忘了吃饭。本性爱喝酒，可是家里穷，不能经常得到。亲朋故旧知道这样，有时就置办酒招他过来，他去饮酒一定会喝完，目的是一定要醉。醉以后回去，一点也不收敛情绪。家里四壁空空，不能遮阳挡雨，旧衣衫十分破烂，盛饭的容器经常空着，也不在意。经常写文章来自娱自乐，很能显示自己的志向，不计较得失，用这来结束自己一生。”他的自序是这样，当世人说是实录。偃兆因为他亲人年迈家里贫穷，任用他为州祭酒。他不能忍受官吏这个职务，没几天就自己回家了。州里聘用他为主簿，没有去，自己种田来养活自己，于是身体瘦弱得病。又做镇军、建威参军，对亲戚朋友说：“想做个文官，来挣些补贴家用的钱。”管这些事的人听说了，任用他为彭泽令。在县里，命令公田全部种秫谷（可酿酒），说：“让我一直醉酒就够了。”妻子和孩子坚持请求种粳米。于是命令一顷五十亩种秫，五十亩种粳米。向来简朴自爱，不谄媚长官。郡里派遣督邮到他的县，他的下属说应该束上带子（穿正装）见督邮，陶潜叹息说：“我不能为五斗米（这些俸禄）弯腰（丧失尊严），小心谨慎地为乡下的小人做事啊！”义熙二年（406），将印绶交还，离开了彭泽县，于是作了《归去来兮辞》。

“不为五斗米折腰”这个成语用来比喻为人清高、有骨气，不为利禄所动。这个成语来源于《晋书·陶潜传》，陶渊明平时蔑视功名富贵，不肯趋炎附势，他做过一些官，但由于淡泊名利、为官清正，不愿与腐败官场同流合污，而过着时隐时仕的生活。陶渊明最后一次做官，是义熙元年（405），那一年，已过“不惑之年”的陶渊明在朋友的劝说下，再次出任彭泽县令，督邮每年两次以巡视为名向辖县索要贿赂，每次去必满载而归，否则栽赃陷害。县吏说：“应该穿戴整齐、备好礼品、恭恭敬敬去迎接。”而陶渊明叹道：“我岂能为了县令这五斗薪俸，低声下气向这些小人贿赂献殷勤。”说完辞官回乡。此后，他一面读书为文，一面躬耕陇田。

思考寄语

“不为五斗米折腰”是一种气节、一种品格，被视为中国文人不事权贵的典范。在现实生活中，任何的蝇头小利或者大笔的不义之财都不值得出卖人格。做人做事要有自己的原则，不能为了自己的前途去阿谀奉承那些有权势的人，为官清廉才能受民众的爱戴。自己才是人生的主人，或富贵或清贫，都由自己做主。

14 包拯传（节选）

诵读主体

包拯，字希仁，庐州合肥人也。始举进士，除大理评事，出知建昌县。以父母皆老，辞不就。得监和州税，父母又不欲行，拯即解官归养。后数年，亲继亡，拯庐墓终丧，犹徘徊不忍去，里中父老数来劝勉。久之，赴调。

徙知端州，迁殿中丞。端土产砚，前守缘贡，率取数十倍以遗权贵。拯命制者才足贡数，岁满不持一砚归。

召权知开封府，迁右司郎中。拯立朝刚毅，贵戚宦官为之敛手，闻者皆惮之。人以包拯笑比黄河清，童稚妇女，亦知其名，呼曰“包待制”。京师为之语曰：“关节不到，有阎罗包老。”旧制，凡讼诉不得径造庭下，拯开正门，使得至前陈曲直，吏不敢欺。

拯性峭直，恶吏苛刻，务敦厚，虽甚嫉恶，而未尝不推以忠恕也。与人不苟合，不伪辞色悦人，平居无私书，故人、亲党皆绝之。虽贵，衣服、器用、饮食如布衣时。曾曰："后世子孙仕宦，有犯赃者，不得放归本家，死不得葬大茔中。不从吾志，非吾子若孙也。"

知人论世

《宋史》是二十四史之一，收录于《四库全书》史部正史类，于元末至正三年（1343）由丞相脱脱和阿鲁图先后主持修撰，与《辽史》《金史》同时修撰。《宋史》全书有本纪47卷，志162卷，表32卷，列传255卷，共计496卷，约500万字，是二十四史中篇幅最庞大的一部官修史书。

元末修撰的《宋史》由丞相脱脱挂名任都总裁，另有总裁7人、史官23人集体编撰而成，其中绝大多数为汉族文人，都颇有名望。

《宋史》由于成书只用了短短两年零七个月，而且时值元朝濒临崩溃的前夕，因此编纂得比较草率。但《宋史》依然是研究辽、宋、金代历史的基本史籍之一。在现存的宋代重要史料中，唯有《宋史》贯通北宋与南宋，保存了320年间的大量历史记录，很多史实都是其他书中所未载的。特别是《宋史》的天文、五行、律历、地理、河渠、礼、乐、仪卫、舆服、选举、职官、食货、兵、刑和艺文十五志，记录了一代天文历法、典章制度、社会经济、行政沿革、图书目录等，虽间失芜杂，为后代治史者所訾议，然其叙述之详，为二十四史中所罕见。《宋史》列传有《忠义传》，在《儒林传》外，又有《道学传》，也反映了宋代的一些历史特点。

阅读鉴赏

译文：

包拯，字希仁，庐州合肥县人。考取进士后，拜官为大理评事，出任建昌知县。因为父母都年事已高，他推辞不去就职。又调和州监税，父母更不愿随行，他便辞官回家奉养。过了几年，双亲相继去世，包拯就在墓旁造屋居住守丧，到守丧期满，仍然不忍离去，邻里父老曾多次过来劝他结束守丧。过了很久，包拯才去吏部接受调选。

调任端州知州，升迁为殿中丞。端州地方出产上好的砚台，以前的州官借进贡之名，大都从这里索取几十倍的进贡量去赠送权贵。包拯为了杜绝这种弊端，叫做砚台的人只做足够进贡的数量。他在那里一年任期届满，没有拿一个端砚回来。包拯被朝廷诏令代理开封知府，升迁右司郎中。包拯在朝治事刚强坚定，那些贵戚、宦官因而有所收敛，一听见他都十分害怕。人们把包拯的笑脸比作黄河变清那样难得见到，妇女儿童也知道他的名声，称他为“包待制”。京城的人流传一句话：“（暗中行贿）疏不通关系，有阎罗包老。”旧日的规定，凡是诉讼都不能直接到官署（递交状子）。包拯改变陈规，打开府中正门，使他们得以直接到堂前陈述是非，从而使胥吏不敢欺负他们。

包拯性格严峻正直，他厌恶官吏做事苛刻，为人敦厚，虽然十分痛恨坏人，但以忠恕待人。他不轻易与人相交，不会用伪装的笑脸来讨别人喜欢，平时没有私人请托的书信，旧友、亲戚同乡都断绝往来。地位虽然显贵，可是衣服、器用、饮食同当平民时一样。他经常嘱咐说：“我的后代子孙做了官，若有犯贪污罪的，就不得回老家，死了不许葬在祖坟中。不顺从我的心意，就不是我的子孙。”

包拯（999—1062），北宋名臣。包拯平生整顿吏治、注重生产、巩固国防、举贤任能、为民请命，颇有政绩，是中国历史上杰出的清官代表。因曾任天章阁待制、龙图阁直学士，故世称“包待制”“包龙图”。嘉祐七年（1062），包拯逝世，追赠礼部尚书，谥号孝肃，后世称为“包孝肃”，有《包孝肃公奏议》传世。

包拯廉洁公正、立朝刚毅，不附权贵，铁面无私，且英明决断，敢于替百姓申不平，故有“包青天”及“包公”之名。后世将他奉为神明崇拜，认为他是奎星转世，由于民间传其黑面形象，亦被称为“包青天”。节选部分以时间为序，讲述了包拯孝奉父母、调任端州、代理开封、直言家训等事例，从多个角度反映包拯为人为官的刚正不阿。

思考寄语

爱民者，民恒爱之。千百年来，包拯以为民、爱民的不朽的清官形象，早已越过历史的长河，为前人和今人所敬重。这位人们口中的“包青天”已然是公正不阿、清官好官的代名词，是吏治清正廉洁的一座丰碑。

“清心为治本，直道是身谋。秀干终成栋，精钢不作钩。”他用一生来践行自己出仕时写下的座右铭，塑造“言必信，行必果”的品格，成为一个家喻户晓的人物。

15 晏婴论和与同（节选）

诵读主体

齐侯至自田，晏子侍于遄台，子犹驰而造焉。公曰：“唯据与我和夫！”晏子对曰：“据亦同也，焉得为和？”公曰：“和与同异乎？”对曰：“异。和如羹焉，水、火、醯、醢、盐、梅，以烹鱼肉，燀之以薪，宰夫和之，齐之以味，济其不及，以泄其过。君子食之，以平其心。君臣亦然。君所谓可而有否焉，臣献其否以成其可；君所谓否而有可焉，臣献其可以去其否。是以政平而不干，民无争心。故《诗》曰：‘亦有和羹，既戒既平。鬷嘏无言，时靡有争。’先王之济五味、和五声也，以平其心，成其政也。声亦如味，一气，二体，三类，四物，五声，六律，七音，八风，九歌，以相成也；清浊、小大、短长、疾徐、哀乐、刚柔、迟速、高下、出入、周疏，以相济也。君子听之，以平其心。心平，德和。故《诗》曰：‘德音不瑕。’今据不然。君所谓可，据亦曰可；君所谓否，据亦曰否。若以水济水，谁能食之？若琴瑟之专一，谁能听之？同之不可也如是。”

知人论世

《春秋左氏传》，原名《左氏春秋》，汉代时又名《春秋左氏》《春秋内传》，汉代以后才多称为《左传》。《左传》相传是春秋末年鲁国的左丘明为《春秋》做注解的一部史书，与《公羊传》《穀梁传》合称为“春秋三传”，是中国第一部叙事详细的编年体史书，同时也是杰出的历史散文巨著。

《春秋左氏传》共35卷，是儒家经典之一，在《四库全书》中被列为经部且为十三经中篇幅最长的，记述范围从鲁隐公元年（前722）至鲁哀公十四年（前481）。《春秋左氏传》根据春秋时期重大的历史事件，主要对春秋诸国战争、外交、内政等各个方面加以记述，同时对各类典章制度、礼仪规范、社会风俗、民族关系、道德理念、天文地理、神话传说、民间歌谣都有记述和评论，内容涉及社会生活的各个方面，可以说是一部展现春秋历史全貌的百科全书。

阅读鉴赏

译文：

齐景公从打猎的地方回来，晏子在遄台随侍，梁丘据也驾着车赶来了。景公说："只有梁丘据与我和谐啊！"晏子回答说："梁丘据也不过是相同而已，哪里能说是和谐呢？"景公说："和谐与相同有差别吗？"晏子回答说："有差别。和谐就像做肉羹，用水、火、醋、酱、盐、梅来烹调鱼和肉，用柴火烧煮，厨工调配味道，使各种味道恰到好处，味道不够就增加调料，味道过重就冲淡一下。君子吃了这种肉羹，用来平和心性。国君和臣下的关系也是这样。国君认为可以的，其中也包含了不可以的，臣下进言指出不可以的，使可以的更加完备；国君认为不可以的，其中也包含了可以的，臣下进言指出其中可以的，去掉不可以的。因此，政事平和而不违背礼仪，百姓没有争斗之心。所以《诗》中说：'还有调和的好羹汤，五味备又适中。敬献神明来享用，上下和睦不争斗。'先王使五味相互调和，使五声和谐动听，用来平和心性，成就政事。音乐的道理也像味道一样，由一气、二体、三类、四物、五声、六律、七音、八风、九歌各方面相配合而成，由清浊、小大、短长、疾徐、哀乐、刚柔、迟速、高下、出入、周疏各方面相调节而成。君子听了这样的音乐，可以平和心性。心性平和，德行就协调。所以《诗》说：'美好音乐没瑕疵。'现在梁丘据不是这样。国君认为可以的，他也说可以；国君认为不可以的，他也说不可以。如果用水来调和水，谁吃得下去？如果用琴瑟老弹一个音调，谁听得下去？不应当相同的道理，就像这样。"

"和"与"同"，表面看起来很相似，它们的表现也有一致性，但实质上它们完全不同。"同"是绝对的一致，没有变动，没有多样性，因此，它代表了单调、沉闷、死寂，没有内在的活力和动力，不是一个具有生命力的东西，也不符合宇宙万事万物起源、构成、发展的规律。"和"却是相对的一致性，是多中有一、一中有多，是各种相互不同、相互对立的因素通过相互调节而达到的一种统一态、平衡态。因此，它既不是相互抵消、溶解，也不是简单地排列组合，而是融合不同因素的积极方面结成和谐统一的新整体，保留了各个因素的特点，又不让它们彼此抵消，因而是一个具有内在活力、生命力、再生力的整体。

"和"的观念既是宇宙万物起源、构成、发展的规律之一，也是先人对事物的独特理解。"和"的最终旨归，是人的心性平和。

思考寄语

这段节选提示我们，“和”是一种可贵的品德，包容万物，使万物生生不息，和谐共生。“和”能让人心性平和，处变不惊；“和”能让家万事顺遂，家业兴隆；“和”能让国政平民阜，繁荣昌盛。绝对的“同”是一种禁锢，会导致失去活力与动力。

16 苏武传（节选）

诵读主体

字子卿，少以父任，兄弟并为郎。……天汉元年……武与副中郎将张胜及假吏常惠等募士斥候百余人俱。既至匈奴，置币遗单于。单于益骄，非汉所望也。

单于使卫律召武受辞，武谓惠等：“屈节辱命，虽生，何面目以归汉！”引佩刀自刺。卫律惊，自抱持武，驰召医。凿地为坎，置煴火，覆武其上，蹈其背以出血。武气绝，半日复息。惠等哭，舆归营。单于壮其节，朝夕遣人候问武……单于愈益欲降之。乃幽武置大窖中，绝不饮食。天雨雪，武卧啮雪与旃毛并咽之，数日不死，匈奴以为神。乃徙武北海上无人处，使牧羝，羝乳乃得归。别其官属常惠等，各置他所。

武既至海上，廪食不至，掘野鼠去草实而食之。杖汉节牧羊，卧起操持，节旄尽落……初，武与李陵俱为侍中，武使匈奴，明年，陵降，不敢求武。久之，单于使陵至海上，为武置酒设乐……陵与武饮数日，复曰：“子卿壹听陵言！”武曰：“自分已死久矣！王必欲降武，请毕今日之欢，效死于前！”陵见其至诚，喟然叹曰：“嗟呼，义士！陵与卫律之罪上通于天！”因泣下沾衿，与武决去。

昭帝即位，数年，匈奴与汉和亲。汉求武等，匈奴诡言武死……武以始元六年春至京师。武留匈奴凡十九岁，始以强壮出，及还，须发尽白。

知人论世

班固（32—92），字孟坚，东汉安陵（今陕西咸阳）人。东汉著名史学家和文学家。幼年聪慧好学，“九岁能属文，诵诗书”，十六岁入洛阳太学学习，博览群书，“所学无常师，不为章句，举大义而已”“性宽和容众，不以才能高人”，因此，颇为当时儒者钦佩。曾继其父班彪续写《史记后传》，被人告发私修国史而入狱。后汉明帝召其为兰台令史，历时二十余年基本完成《汉书》。后被人牵连入狱，卒年六十一岁。《汉书》中的一部分“志”“表”由其妹班昭和马续补就。

阅读鉴赏

译文：

苏武字子卿，年轻时，因为父亲职任的关系而被任用，兄弟都做了皇帝的侍从官。天汉元年（前100），苏武同副中郎将张胜以及临时委派的使臣属官常惠等，加上招募来的士卒、侦察人员百多人一同前往匈奴。到了匈奴那里，置办了一些礼品送给单于。单于更加倨傲，不是汉所期望的那样。

单于派卫律召唤苏武来受审讯，苏武对常惠说：“丧失气节、玷辱使命，即使活着，还有什么脸面回到家乡去呢！”说着拔出佩带的刀自刎。卫律大吃一惊，抱住、扶好苏武，派人骑快马去找人医治。在地上挖一个坑，在坑中点燃微火，然后把苏武脸朝下放在坑上，轻敲他的背部，让瘀血流出来。苏武本来已经断了气，这样过了好半天才恢复气息。常惠等人哭泣着用车子把苏武抬回营帐。单于认为苏武的气节值得敬佩，早晚派人探望、问候苏武。单于越发想要使他投降，就把苏武囚禁起来，放在大地窖里面，断绝供应，不给他喝的、吃的。天下雪，苏武卧着嚼雪，同毡毛一起吞下充饥，几日不死，匈奴认为这是神在帮他，就把苏武迁移到北海边没有人的地方，让他放牧公羊，公羊生了小羊才能回来。把他的随从官吏常惠等人，分别投放到其他地方。

苏武迁移到北海后，没有粮食，他就掘地寻野鼠、收草籽来吃。他拄着汉朝的旄节牧羊，睡觉、起来都拿着，以致系在节上的牦牛尾毛全部脱尽。当初，苏武与李陵都为侍中。苏武出使匈奴的第二年，李陵投降匈奴，不敢访求苏武。时间一久，单于派遣李陵去北海，为苏武安排了酒宴和歌舞。李陵与苏武连饮数日，又说：“你一定要听我的话。”苏武说：“我料定自己已经是死去的人了！王一定要逼迫我投降，那么就请结束今天的欢乐，让我死在你的面前！”李陵见苏武对朝廷如此忠诚，慨然长叹道：“啊，义士！我李陵与卫律罪孽滔天！”于是眼泪直流，浸湿了衣襟，告别苏武而去。汉昭帝即位，几年后，匈奴和汉达成政治联姻。汉廷寻求苏武等人，匈奴谎称苏武已死。苏武于汉昭帝始元六年（前81）春回到长安。苏武被扣在匈奴共十九年，当初壮年出使，等到回来，胡须头发全都白了。

《苏武传》是《汉书》中最出色的名篇之一，它记述了苏武出使匈奴，面对威逼利诱坚守节操，历尽艰辛而不辱使命的事迹，生动刻画了一个“富贵不能淫，威武不能屈”的爱国志士的光辉形象。作者采用写人物传记经常运用的纵式结构来组织文章，以顺叙为主，适当运用插叙的方法，依时间的先后进行叙述，脉络清晰，故事完整。

苏武（前140—前60），杜陵（今陕西西安）人，西汉时期杰出的外交家，民族英雄。武帝时出使匈奴，被扣留。匈奴贵族多次威逼利诱，欲使其投降；后将他迁到北海边牧羊，扬言要公羊生子方可释放他回国。苏武历尽艰辛，留居匈奴十九年持节不屈。至始元六年，方获释回汉。汉宣帝将苏武列为麒麟阁十一功臣之一，褒赞他爱国忠贞的节操。

《汉书》是我国第一部纪传体断代史，体例模仿《史记》，取消“世家”，并入“列传”，改“书”为“志”。包括十二本纪、八表、十志、七十列传，共100篇。内容主要记载自汉高祖元年（前206）到王莽地皇四年（23）共229年的断代史。其艺术特点：以简练的笔调勾画人物，把人物的神情心理展现出来；语言简洁规范，韵味悠远；材料周全，扎实稳妥，看法全面，叙事翔实严谨。

思考寄语

苏武不只是一位历史名人，还是一座精神丰碑。我们应传承其在人生的道路上不畏艰险、坚韧不拔、披荆斩棘和勇攀高峰的精神。也许，考试不能决定同学们的一生，但它无疑是人生中一个个重大的转折点，它必将影响你们往后的路。年少青春，弹指一挥间，有多少人在温柔富贵乡梦中沉醉，有多少人在虚度年华中沉沦，还有多少人在挫折磨砺里趴下了……如此，失落了追求，失落了坚守，也就失落了生命的价值，黯淡了人生的光华！

17 致诸弟·勉以进德修业（节选）

诵读主体

昨廿七日接信，畅快之至，以信多而处处详明也。四弟七夕诗甚佳，已详批诗后；从此多作诗亦甚好，但须有志有恒，乃有成就耳。余于诗亦有工夫，恨当世无韩昌黎及苏黄一辈人可与发吾狂言者。但人事太多，故不常作诗；用心思索，则无时敢忘之耳。

吾人只有进德、修业两事靠得住。进德，则孝悌仁义是也；修业，则诗文作字是也。此二者由我做主，得尺则我之尺也，得寸则我之寸也。今日进一分德，便算积了一升谷；明日修一分业，又算余了一分钱。德业并增，则家私日起。至于功名富贵，悉由命定，丝毫不能自主。昔某官有一门生为本省学政，托以两孙，当面拜为门生。后两孙岁考临场大病，科考丁艰，竟不入学。数年后两孙乃皆入学，其长者仍得两榜。此可见早迟之际，时刻皆有前定。尽其在我，听其在天，万不稍生妄想。六弟天分较诸弟更高，今年受黜，未免愤怨，然及此正可困心衡虑，大加卧薪尝胆之功，切不可因愤废学。

……

兄国藩手草

道光二十四年八月廿九日

知人论世

曾国藩（1811—1872），初名子城，字伯涵，号涤生，宗圣曾子七十世孙，晚清重臣，湘军的创立者和统帅。中国近代政治家、战略家、理学家、文学家，晚清散文“湘乡派”创立人。 道光十八年（1838年），中进士，入翰林院，为军机大臣穆彰阿门生，累迁内阁学士，礼部侍郎，署兵、工、刑、吏部侍郎，与大学士倭仁、徽宁道何桂珍等为密友，以“实学”相砥砺。太平天国运动时，组建湘军，经过多年鏖战后攻灭太平天国。曾国藩主张凡事要勤俭廉洁，不可为官自傲。他修身律己，以德求官，礼治为先，以忠谋政，在官场上获得了巨大的成功；在他的倡议下，建造中国第一艘轮船，建立第一所兵工学堂，印刷翻译第一批西方书籍，安排第一批赴美留学生。曾国藩的崛起，对清王朝的政治、军事、文化、经济等方面都产生了深远的影响，他是中国近代化建设的开拓者。曾国藩与胡林翼并称“曾胡”，与李鸿章、左宗棠、张之洞并称“晚清中兴四大名臣”。官至两江总督、直隶总督、武英殿大学士，封一等毅勇侯，谥号“文正”，后世称“曾文正”。

曾国藩是中国历史上极有影响的人物之一。他的人生，他的智慧，他的思想，深深地影响了几代中国人，以至于他虽已去世100余年，提起曾国藩，人们仍然津津乐道。有的评论者说：如果以人物断代的话，曾国藩是中国古代历史上的最后一人，近代历史上的第一人。这句话从某一角度，概括了曾国藩的个人作用和影响。

阅读鉴赏

译文：

昨天，即二十七日接到来信，非常畅快，回信多且所写的事处处详细明白，四弟的七夕诗很好，意见已详细批在诗后面。从此多作诗也很好。但要有志向有恒心，才有成就。我对于诗也下了功夫，只恨当世没有韩昌黎和苏、黄一辈人，可以引起我口出狂言。但人事应酬太多，所以不常作诗。用心思索，那还是时刻不忘的。

我们这些人只有进德、修业两件事靠得住，进德，指孝、悌、仁、义的品德；修业，指写诗、作文、写字的本领。这两件事都由我做主，得进一尺，便是我自己的一尺；得进一寸，便是我自己的一寸。今天进一分德，便可算是积了一升谷；明天修一分业，又算剩了一文钱。德和业都增进，那么家业就会一天天兴起。至于富贵功名，都由命运决定，一点也不能自主。过去某官员有一个门生，是本省学政，便把两个孙儿托他帮忙，当面拜为门生。后来那两个孙儿在临年考时大病一场，到了科考又因父母故去而有孝在身，不能入学。几年后，两人才都入学，大的仍旧得两榜。可见入学迟早，入学时间都是生前注定的。考的方面虽尽其在我，但取的方面听其在天，万万不要产生妄想。六弟天分比诸位弟弟更高些，今年没有考取，不免气愤埋怨。但到了这一步应该自己衡量一番，加强卧薪尝胆的功夫，切不可以因气愤而废弃学习。

每个人读书都有自己的目的，或想跻身仕途，或想发家致富，或想陶冶性情，或想消遣自娱，或想著书立说以警后人，正是“书中自有黄金屋，书中自有颜如玉”。曾国藩虽然是通过科举考试而获得官位进而得以升迁的，但他对钳制心智、残害性情的科举制度贬损有加，他主张治学的目的应在于“修身、齐家、治国、平天下”，也就是说进德与修业。曾国藩一生以“敬德修业”四个字来不断勉励自己，激励自己去积极思考和做事，以求自己不断进步。从“湘军首领”到“中兴功臣”，曾国藩可谓成就了一生的事业。这与他的不断进取是息息相关的。这也体现了他自我修养的能力。正如他在给诸弟的信中说：我们读书只为了两件事：一是增进自己的道德修养，追求诚实正直、修身、齐家、治国、平天下的道理，以无愧于此生；二是修习学业的事情，学习记忆诵读辞章的方法，来保护自己以自强自立。由此可见，曾国藩把学习作为提高个人修养的基本要求，将“敬德修业”当作自己进步的基础。在他看来，要想取得事业的成功，就必须积极进取，没有百折不挠、坚韧不拔的精神难以成就大事。

思考寄语

有副对联这样总结曾国藩的一生：“立德立功立言三不朽，为师为将为相一完人。”这样一个完人，少时天赋并不高，靠的是一步一步坚韧不拔的努力和人格修炼。在人生的各种修为里，曾国藩特别重视进德、修业二事，虽然他所说德业与我们所修习的内容并不尽相同，但于今仍然有启发。我们每个人仍然需要不断进行品德的修养、学业的精进。曾国藩所说的“由我做主”于进德、修业二事也确实可由个人掌握的，他所说的日日修行、日日累积的做法也很值得学习借鉴。有志有恒，乃有成就。学习借鉴曾国藩关于进德修业的理论和实践，对于我们的人生也有重要的指导作用。

18 太平广记（节选）

诵读主体

齐有甄彬者，有器业。尝以一束苎于荆州长沙西库质钱。后赎苎，于束中得金五两，以手巾裹之。彬得金，送还西库。道人大惊曰：“近有人以金质钱，时遽不记录。尔乃能见归，恐古今未之有也。”辄以金之半酬，往复十余，毅然不受。

彬后为郫令，将行，辞太祖。时同列五人，上诫以廉慎。至于彬，独曰：“卿昔有还金之美，故不复以此诫也。”

知人论世

《太平广记》是中国古代第一部文言纪实小说的总集，全书500卷，目录10卷，以汉代至宋初的纪实故事为主，属于类书。

此书由宋代李昉、扈蒙、李穆、徐铉、赵邻几、王克贞、宋白、吕文仲等14人奉宋太宗之命编纂。开始于太平兴国二年（977），次年（978）完成。因成书于宋太平兴国年间，和《太平御览》同时编纂，所以叫作《太平广记》。

《太平广记》是分类编纂，按主题分九十二大类，下面又分一百五十多小类，例如，畜兽部下又分牛、马、骆驼、驴、犬、羊、豕等细目，查起来比较方便。从内容上看，收得最多的是故事，实际上可以说是一部宋代之前的故事总集。

阅读鉴赏

译文：

齐国有一个叫甄彬的人，很有度量。甄彬曾经拿了一束苎麻到长沙西库抵押钱，后来把这束苎麻赎回来的时候，在苎里面发现了五两重的金子。甄彬把这个金子送还到西库，看管典当的人非常吃惊地说："先前有人用金子来抵押钱，当时急忙之间没有记录这件事。你竟然能归还，这种行为恐怕从古到今都没有过。"就用一半的金子答谢他，去给了他十多次，他坚决不肯接受。

甄彬后来担任郫县的县令，向太祖辞行。当时一同上任的共有五个人，皇上都警诫他们要廉洁谨慎。轮到了甄彬，武帝只是对他说道："你从前有归还金子的好品行，所以我不用再嘱咐你了。"

品德高尚的君子，无论是在有没有人看见的地方，还是在有没有人听见的时候，都是会谨慎戒惧的。

思考寄语

越是隐蔽的地方就越容易显露，越细微的事情，就越容易彰显一个人的操守。道德品质是一个人为人处世的根本，我们任何时候都需要谨记"君子爱财，取之有道"。

19 弟子规·信

诵读主体

凡出言，信为先，诈与妄，奚可焉。
话说多，不如少，惟其是，勿佞巧。
奸巧语，秽污词，市井气，切戒之。
见未真，勿轻言，知未的，勿轻传。
事非宜，勿轻诺，苟轻诺，进退错。
凡道字，重且舒，勿急疾，勿模糊。
彼说长，此说短，不关己，莫闲管。
见人善，即思齐，纵去远，以渐跻。
见人恶，即内省，有则改，无加警。
惟德学，惟才艺，不如人，当自砺。
若衣服，若饮食，不如人，勿生戚。
闻过怒，闻誉乐，损友来，益友却。
闻誉恐，闻过欣，直谅士，渐相亲。
无心非，名为错，有心非，名为恶。
过能改，归于无，倘掩饰，增一辜。

知人论世

李毓秀（1647—1729），字子潜，号采三，生于清代顺治年间，卒于雍正年间，享年83岁，清初著名学者、教育家。据国学学者王俊闳考证，李毓秀的人生经历平实，性情温和豁达，因而缺少传奇故事。史料记载，李毓秀年轻时师从同乡学者党冰壑，游学近二十年。科举不中后，就放弃了仕进之途，终生为秀才，致力于治学。精研《大学》《中庸》，创办敦复斋讲学。来听课的人很多，门外满是脚印。太平县御史王奂曾多次向他请教，十分佩服他的才学，他被人尊称为李夫子。

现在流通的《弟子规》原名是《训蒙文》，是李毓秀的著作，后经雍正、乾隆年间贾存仁改编并改名，在清代后期产生过很大的影响，被誉为“开蒙养正之最上乘者”，有“人生第一步，天下第一规”之称，《训蒙文》意思是启蒙、教育子弟尽人伦本分、忠厚生活的读物，全文仅1080个字，以三字一句的形式编撰而成，内容浅显易懂、通俗押韵、易于读诵，很快流传于世，这本不起眼的《弟子规》辗转翻印，流传南北，成为妇孺皆知、历久弥新的修身读本。

阅读鉴赏

译文：

开口说话，首先要讲究信用，答应他人的事情，一定要遵守承诺，没有能力做到的事不能随便答应，至于欺骗或花言巧语，更不能使用！话多不如话少，话少不如话好。说话要恰到好处，该说的就说，不该说的绝对不说，立身处世应该谨言慎行，谈话内容要实事求是，所谓：“词，达而已矣！”；不要花言巧语，好听却靠不住。奸诈取巧的语言，下流肮脏的话，以及街头无赖粗俗的口气，都要避免沾染。任何事情在没有看到真相之前，不要轻易发表意见，对事情了解得不够清楚明白时，不可以任意传播，以免造成不良后果。不合义理的事，不要轻易答应，如果轻易允诺，会造成做也不是，不做也不好，使自己进退两难。讲话时要口齿清晰，咬字应该清楚，慢慢讲，不要太快，更不要模糊不清。遇到他人来说是非，听听就算了，要有智慧判断，不要受影响，不要介入是非，事不关己不必多管。看见他人的优点或善行义举，要立刻想到学习看齐，纵然目前能力相差很多，也要下定决心，逐渐赶上。看见别人的缺点或不良的行为，要反躬自省，检讨自己是否也有这些缺失，有则改之，无则加勉。每个人都应当重视自己的品德、学问和才能技艺的培养，如果感觉到有不如人的地方，应当自我警惕，勉励自己要奋发图强。至于外表穿着，或者饮食不如他人，则不必放在心上，更没有必要忧虑自卑。如果一个人听到别人说自己的缺点就生气，听到别人称赞自己就欢喜，那么坏朋友就会来接近你，真正的良朋益友反而逐渐疏远退却了。反之，如果听到他人的称赞，不但没有得意忘形，反而会自省，唯恐做得不够好，继续努力；当别人批评自己时，不但不生气，还能欢喜接受，那么正直诚信的人，就会渐渐喜欢和我们亲近了。无心之过称为错，若是明知故犯，有意犯错便是罪恶。知错能改，是勇者的行为，错误自然慢慢地减少消失。如果为了面子，死不认错，还要去掩饰，那就是错上加错了。

根据传统对童蒙的要求，也结合他自己的教书实践，李毓秀写成了《训蒙文》，后来经过贾存仁修订，改名《弟子规》。他的著作还有《四书正伪》《四书字类释义》《学庸发明》《读大学偶记》《宋孺夫文约》《水仙百咏》等，分别藏于山西省图书馆和北京大学图书馆。《弟子规》浅显易懂，押韵顺口，文风朴实，说理透彻，可谓谆谆教诲、循循善诱，在我国清代教育史上有一定的影响。清代后期成为广为流传的儿童读本和童蒙读物，此书以浅近通俗的文字、三字韵的形式阐述了学习的重要性、做人的道理以及待人接物的礼貌常识等，几乎与《三字经》《百家姓》《千字文》有同等影响。

思考寄语

孔子说："人而无信，不知其可也。"如果不讲究信用，就无法在社会上立足。要培养谦虚的美德，不要与他人争名夺利，"见贤思齐焉"。心怀谦卑之心来待人，认真听取别人的意见，改正自己的不足，自己的能力才会得到提升，才能建立良好的人际关系。

20 荀子·修身（节选）

诵读主体

见善，修然必以自存也；见不善，愀然必以自省也。善在身，介然必以自好也；不善在身，菑然必以自恶也。故非我而当者，吾师也；是我而当者，吾友也；谄谀我者，吾贼也。故君子隆师而亲友，以致恶其贼。好善无厌，受谏而能诫，虽欲无进，得乎哉？小人反是，致乱而恶人之非己也，致不肖而欲人之贤己也，心如虎狼、行如禽兽而又恶人之贼己也。谄谀者亲，谏争者疏，修正为笑，至忠为贼，虽欲无灭亡，得乎哉？《诗》曰："噏噏呰呰，亦孔之哀。谋之其臧，则具是违；谋之不臧，则具是依。"此之谓也。

知人论世

荀子（约前313—前238），名况，字卿（一说时人相尊而号为卿），战国末期赵国人，两汉时因避汉宣帝刘询名讳称"孙卿"，著名的思想家、哲学家、教育家，儒家学派的代表人物，先秦时代百家争鸣的集大成者。

荀子曾三次担任齐国稷下学宫的祭酒，两度出任楚兰陵令。晚年蛰居兰陵县著书立说，收徒授业，终老于斯，被称为“后圣”。荀子批判地接受并创造性地发展了儒家正统的思想和理论，主张“礼法并施”；提出“制天命而用之”的人定胜天的思想；反对鬼神迷信；提出性恶论，重视习俗和教育对人的影响，并强调学以致用；其思想集中反映在《荀子》一书中。荀子还整理传承了《诗经》《尚书》《礼》《乐》《易》《春秋》等儒家典籍，为传播保存儒家思想文化做出巨大贡献。

阅读鉴赏

译文：

见有善行，一定要恭谨自查，自己是否也有此善行；见到不善的行为，一定要惊心警惕，反省自己是否也有此不善。自己身上的善，一定要固守；身上的不善，一定要畏恶它如同灾祸。所以批评我而所言恰当的人，是我的老师；赞誉我而所言恰当的人，是我的朋友；献媚阿谀我的人，是害我的谗贼。所以君子尊崇老师而亲近朋友，对于谗贼则深恶痛绝。爱好善而永不知足，听到规谏而能戒惕，即使想不长进也做不到啊！小人正好相反，极为悖乱而厌恶别人批评自己；极为不肖却希望别人认为他贤能；心像虎狼一样，行如禽兽一般，却厌恶别人视他为谗贼。亲近阿谀奉承之辈，疏远直言相谏者，把修正规劝的行为视为讥笑，把直谏忠诚的人视为谗贼，这样的人想不灭亡也做不到啊！《诗经》说：“同那些阿谀之徒一拍即合，对那些谏诤者厌恶诋毁，这是多么可悲啊！好的意见统统不听，不好的意见却全部听从。”说的就是这种人。

荀子的修身思想对今天的我们具有一定的启发性，让我们认识到修身的意义，并为我们提供了方法途径。

思考寄语

努力涵养自己，使自己成为一个笃志体行的君子，这也是荀子修身思想对当代人的启发。

21 勉谕儿辈

诵读主体

由俭入奢易，由奢入俭难。饮食衣服，若思得之艰难，不敢轻易费用。酒肉一餐，可办粗饭几日；纱绢一匹，可办粗衣几件。不馋不寒足矣，何必图好吃好着？常将有日思无日，莫待无时思有时，则子子孙孙常享温饱矣。

知人论世

周怡（1505—1569），字顺之，号讷溪，明代仙源人。嘉靖十七年（1538）登进士，初任顺德（今河北省邢台市）推官，政绩优异。翌年，擢升吏部给事中。

“物以类聚，人以群分。”明代泰顺廉吏刘耿一生所交往的人大多是贤士循吏，与弹劾严嵩的著名谏官周怡是莫逆之交。刘耿年长周怡四岁，周怡在一首题赠给刘耿的诗中写道：“南雍识面初”，南雍即是南京国子监。嘉靖七年（1528），周怡在南京从师读书，两人也许就是在这期间认识的。在诗的后半句又说“北极论心再”，北极指京城朝堂，应是两人后来进京赴考，一同探讨学问，畅谈人生理想，由此结成了白首不忘的情谊。

周怡一身正气，为官廉洁，疾恶如仇，论事辄议，言之以诚，先后系狱5年，心迹坦然。隆庆六年（1572），敕建专祠祀之。天启二年（1622），追谥恭节。著有《讷溪文集》27卷，书目入《四库全书》。

阅读鉴赏

译文：

由节俭变得奢侈容易，由奢侈变得节俭就难了。饮食衣服，如果知道得到它们不容易，就不敢轻易耗费了。一顿酒肉可以做几天粗糙的饭菜，一匹纱绢可以做几件粗布衣服。不饿不冷就足够了，何必追求奢华的饮食和衣服呢？在丰裕的日子里应该想到穷困的日子，不要等到了穷困的日子回想那丰裕的日子，子孙后代就可以常常享受温饱了。

这则家训说明了“由俭入奢易，由奢入俭难”这个简单的道理。在日常生活中，我们要养成勤俭节约的好习惯，不能只追求美味可口的饮食、华美艳丽的衣服。

思考寄语

我们要从现在做起，从自身做起，节约每粒米、每滴水、每分钱，让节俭与我们如影随形。

22 察微篇（节选）

诵读主体

鲁国之法，鲁人为人臣妾于诸侯，有能赎之者，取金于府。子贡赎鲁人于诸侯，来而让不取其金。孔子曰："赐失之矣！夫圣人之举事，可以移风易俗，而教导可施于百姓，非独适己之行也。今鲁国富者寡而贫者多，取其金则无损于行，不取其金，则不复赎人矣。"子路拯溺者，其人拜之以牛，子路受之。孔子喜曰："鲁人必多拯溺者矣。"

知人论世

《吕氏春秋》，又称《吕览》，是在秦相吕不韦的主持下，集合门客们编撰的一部杂家名著，成书于秦始皇统一中国前夕。此书以道家学说为主干，以名家、法家、儒家、墨家、农家、兵家、阴阳家思想学说为素材，熔诸子百家学说于一炉，闪烁着博大精深的智慧之光。吕不韦想以此作为大秦统一后的意识形态。但后来执政的秦始皇却选择了法家思想，使包括儒家在内的诸子百家全部受挫。《吕氏春秋》集先秦诸子百家之大成，是战国末期杂家的代表作，全书共分二十六卷，一百六十篇，二十余万字。

这部作于战国时期的大作，保存了不少古代的遗闻逸事和思想观念，具有一定的参考价值。吕不韦召集门客撰写《吕氏春秋》主要是想借他人之光提高个人形象，但在文化事业上确实是做了件大好事，功不可没。

阅读鉴赏

译文：

鲁国有一条法律，如果看到鲁国人在国外沦为奴隶，能够把他们赎回来恢复自由，就可以从国家获得补偿和奖励。孔子的弟子子贡，是一个很有钱的商人，他从国外赎回不少鲁国人，却拒绝了国家的补偿奖励。孔子听说却批评了他。他说："子贡，你错了！圣人所做之事，可以改变风俗习惯，影响老百姓的行为，并非个人的事情。现今，鲁国富人少而穷人多，向国家领取补偿金，不会损害你的品行；但不领取补偿金，鲁国就没有人再去赎回自己落难的同胞了。"孔子弟子的子路曾救起一名溺水者，那人送了一头牛感谢他，子路收下了。孔子高兴地说："鲁国人从此一定会勇于救落水者了。"

对视仁义道法为生命的孔子来说，推崇人们做好事并取之报酬，似乎令人有些不可理解。甚至在思想解放、观念开放的今天，也并非会为人们所认同。但孔子颇有远见的睿智做法，不仅对后世影响深远，也彰显其思想之伟大。孔子批评子贡而赞赏子路，正是基于对规则的尊重，对一种长久且利民制度的期盼。否则，只会让"鲁国之法"成为一纸空文，"鲁人赎人""鲁人拯溺"的好事也难以为继。

胡适曾说过："一个肮脏的国家，如果人人讲规则而不是谈道德，最终会变成一个有人味儿的正常国家，道德自然会逐渐回归；一个干净的国家，如果人人都不讲规则却大谈道德、谈高尚，最终这个国家会堕落成一个伪君子遍布的肮脏国家。"这也提醒我们，德治与法治是互为补充不可偏废的，只谈道德不讲规则的社会是虚伪的，也不可能形成健康文明的良好风尚。

思考寄语

"子贡拒金"与"子路受牛"折射出一个舆论导向和价值选择问题，即是致力打造公平正义的社会机制，还是刻意营造"精神至上"的环境氛围？特别是在人们报效国家、勇于奉献时，如果一味拔高其道德风范，而不给予物质回报和权益保障，恐怕不免伤人又伤心、流血又流泪，袖手旁观、人人为己的冷漠就会成为时代的面孔。追求公平正义是现代社会题中应有之义，合理的权益保障和必要的物质激励，是对人心向善的呵护，也是弘扬主旋律、激发正能量的不竭动力。

23 百字箴言

诵读主体

耕夫碌碌，多无隔夜之粮；织女波波，少有御寒之衣。日食三餐，当思农夫之苦；身穿一缕，每念织女之劳。寸丝千命，匙饭百鞭。无功受禄，寝食不安。交有德之朋，绝无义之友。取本分之财，戒无名之酒。常怀克己之心，闭却是非之口。若能依朕所言，富贵功名可久。

知人论世

李世民（599—649），祖籍陇西成纪（今甘肃秦安），一说陇西狄道（今甘肃省临洮县）人，又说钜鹿郡人。唐朝第二位皇帝，政治家、战略家、军事家、诗人。李世民少年从军，曾往雁门关解救隋炀帝。首倡晋阳起兵，拜右领军大都督，受封敦煌郡公，领兵攻破长安，拜尚书令、光禄大夫，受封秦国公、赵国公。唐朝建立后，领兵平定薛仁杲、刘武周、窦建德、王世充、刘黑闼等割据势力，为唐朝的建立与统一立下赫赫战功，拜天策上将，封秦王。武德九年（626）六月初四，发动“玄武门之变”，杀死太子李建成和齐王李元吉，被册立为皇太子。八月初九，唐高祖李渊退位，李世民即位，年号贞观。在位初期，听取群臣意见，虚心纳谏。对内文治天下，厉行节约，劝课农桑，实现休养生息、国泰民安，开创“贞观之治”。对外开疆拓土，攻灭东突厥与薛延陀，征服高昌、龟兹和吐谷浑，重创高句丽。设立安西四镇，与北方地区各民族融洽相处，获得尊号“天可汗”，为唐朝后来100多年的盛世局面奠定重要基础。

贞观二十三年（649）五月廿六，李世民驾崩于含风殿，享年五十一岁，在位二十三年，庙号太宗，谥号文皇帝（后加谥文武大圣大广孝皇帝），葬于昭陵。他爱好文学与书法，有诗作与墨宝传世。

阅读鉴赏

这则近似白话的百字短文，大概的意思是说劳动的重要性和劳动者的光荣，提醒为官者不忘劳动本色，保持艰苦奋斗作风。同时做到慎言、慎友、克己、清廉。这段话看起来是君王教导臣子如何保持功名富贵的圣训，但究其内容，实则为告诫为官者修身克己的为官和做人之道。

李世民注重建立对官吏的基本道德规范要求。他吸取隋朝速亡的教训，实行“明主治吏不治民”“治民先治吏”的治政治国方略。在人才选拔方面，十分重德。他经常把了解到的一些官员的官声、政声记录下来，贴在墙上，在吏部推选官员时加以对照。在全国的官吏中提倡“为政以德”，要求做到从政才能与从政道德相统一。因而贞观时期，官员比较廉洁守德。李世民最初住的宫殿还是隋朝时修建的，已很破旧。很多大臣也保持了良好的节俭风气，当时朝廷中不少卿相家境困窘。如户部尚书戴胄，由于生前简朴，死后家里连个祭祀的地方都找不到。丞相魏征更是如此，一生也没有个像样的正屋。自唐代以来，历朝历代的清官都能坚持“以德立身”，知“荣辱”明“廉耻”。“立德、立功、立言”三不朽成为历代官员和士大夫的最高人生价值取向。

思考寄语

《百字箴言》语重心长，真知灼见，意义深刻。时至今日，虽隔一千多年，但温故知新，每读一遍，都使人有新的收获。在新的历史时期，我们要根据《百字箴言》的内容，按照社会主义核心价值观要求，牢记为人民服务的宗旨，努力为国为民建功立业，有所作为、有所进步！

24 座右铭

诵读主体

事父尽孝敬，事君贵端贞。
兄弟敦和睦，朋友笃信诚。
从官重公慎，立身贵廉明。
待士慕谦让，莅民尚宽平。
理讼惟正直，察狱必审情。
谤议不足怨，宠辱讵须惊。
处满常惮溢，居高本虑倾。
诗礼固可学，郑卫不足听。
幸能修实操，何俟钓虚声。
白珪玷可灭，黄金诺不轻。
秦穆饮盗马，楚客报绝缨。
言行既无择，存殁自扬名。

知人论世

陈子昂（658—699，有争议），字伯玉，梓州射洪（今属四川）人。唐代文学家、诗人，初唐诗文革新人物之一。因曾任右拾遗，后世称“陈拾遗”。

陈子昂青少年时轻财好施，慷慨任侠，文明元年（684）举进士，以上书论政得到女皇武则天的重视，授麟台正字。后升右拾遗，直言敢谏，曾因“逆党”反对武后而株连下狱。两度从军边塞，对边防事务颇有远见。圣历元年（698），因父老解官回乡，不久父死。陈子昂居丧期间，权臣武三思指使射洪县令罗织罪名，对陈子昂加以迫害，致其冤死狱中。

陈子昂存诗共100多首，其诗风骨峥嵘，寓意深远，苍劲有力。其中最有代表性的有《登幽州台歌》《登泽州城北楼宴》和组诗《感遇诗三十八首》《蓟丘览古赠卢居士藏用七首》等。

阅读鉴赏

译文：

事奉父母要尽力孝敬，侍奉国君贵在正直忠贞。兄弟之间要崇尚和睦，朋友之间要注重诚信。当官要注重公正慎重，立身贵在廉明。待士要追求谦让，临民崇尚宽大平和。处理狱讼要正直，审察案件必须根据实情。对于别人的诽谤议论不值得怨恨，对待自身的宠辱要无动于衷。装满了液体的器皿，会经常担忧流出来，站在高处本来就要忧虑跌倒掉下来。诗礼固然可以学习，郑卫之音不要听。幸而能够修养自己真实的操守，不必去沽名钓誉。白玉上的斑点可以磨灭，自己的诺言不可轻易改变。要像秦穆王对待盗杀自己马匹的人那样温和，要像楚庄王对待调戏自己爱姬的人那样宽厚。言行都没有什么可以挑剔的，无论生死都可扬名。

这篇《座右铭》是陈子昂用来自警自励的格言诗，全诗采用五言古体诗的形式，语句对仗工整、文字简洁质朴，运用了许多典故，体现了陈子昂风骨峥嵘、寓意深远、苍劲有力的诗风。

陈子昂有着高远的政治抱负，在长安为官期间，他写下这篇《座右铭》，文中歌颂致君尧舜的政治理想、愤世嫉俗的高洁品格、爱国爱民的真挚感情，立意高远，文情并茂。写成后，陈子昂将该诗挂在堂后壁上，以便时时反思和自我鞭策。

思考寄语

陈子昂在《座右铭》中记述了在修身齐家、待人处世、为官从政等许多方面对自己的要求。在家庭中，要孝敬父母，与兄弟和睦；身居官位，要公正廉明；待人处世，要谦逊礼让；要居安思危，有忧患意识。陈子昂用来警诫和激励自己的这些话语，对于今天的我们仍然具有积极的意义。

方圆相宜　行稳致远

1 行己恭　责躬厚

诵读主体

行己恭，责躬厚，接众和，立心正，进道勇。择友以求益，改过以全身。

知人论世

本文出自《格言联璧·惠吉类》，《格言联璧》一书是集先贤警策身心之语句，垂后人之良范，条分缕析，明情理。全书主要内容包括学问类、存养类、持躬类、摄生（附）、敦品类、处事类、接物类、齐家类、从政类、惠吉类、悖凶类。所谓是成己成人之宝筏，希圣希贤之阶梯也。

阅读鉴赏

译文：

立身行事端庄恭敬，反躬自责深切严格，与人交往和蔼可亲，立意存心公平正直，进德修业一往无前。选择良友以有益于自身，改正错误以求不断完善。

“行己恭，责躬厚。”在《论语·尧曰第二十》中，有一段汤王说的话，很好地诠释了这句话的含义。“朕躬有罪，无以万方；万方有罪，罪在朕躬”，意思是说如果我犯了罪，请上天惩罚我一个人，而不要连累到天下的百姓；如果百姓犯了罪，那是因为我作为天子，没有教导好百姓，才导致他们犯了错误，所以要是惩罚，也应该是惩罚我，而不应该惩罚百姓。汤王严于律己，无论是自己还是百姓犯了错误，都是从自身找原因，惩罚的都是自己，而不是惩罚他人，从他的言行中我们看到了圣人勇于承担，严于律己的高贵品质。

“接众和”，与大众相处交往时，言辞态度要温和柔软，令人感觉温暖慈祥。《弟子规》中有：“怡吾色，柔吾声”，向我们传递出与人相处要完全出于真诚，懂得关怀照顾别人，这样自然会得到大众的敬爱和尊重。如果言辞激烈，态度粗暴，令人望而生畏，又怎么能够和谐共处呢？

“立心正”，存心用意要公正无私。《大学》讲到修身的步骤，正心然后才能齐家治国平天下。什么叫正心？曾子讲：心里有所好恶分别，就是不正；有愤怒恐惧，就失去了端正；有得失忧患，就失去端正。心不正，身就不正，也就无法教导别人端正身心。所以司马光曾说：古圣人之治天下也，正心以为本。

“进道勇”，修身行道要勇猛精进，不能懒散懈怠。如果因循苟且，则所谓行持、反省、立心都将落于空谈，成为纸上谈兵，得不到丝毫利益。自古至今德行事业能够取得成就的人，无不惜时勤奋、兢兢业业，不虚度每寸光阴。

“择友以求益”，要选择善友良朋以求进步。学而无友则孤陋寡闻，良师益友有利于我们取得学业的进步，对我们人生的发展会产生重要的影响，所以我们在选择朋友的时候要谨小慎微，运用智慧，用发展的眼光来选择可以与我们共同进步的朋友。孔子给了我们交友的三个标准，即益者三友，友直、友谅、友多闻，和正直、诚信、好学的人做朋友，我们的德行学问就会在潜移默化中得到提升。

“改过以全身”，人非圣贤，孰能无过？知错就改，永无止境，保全身命，成全慧命，这是造就圣贤的秘诀。凡夫俗子之所以不能提升，就是因为不愿听到自己的过失、不愿承认过失，当然更不能改过，于是蒙蔽心性，一天天堕落，又怎能超越自我？

通过以上解读，我们可以看到，在生活中，我们每个人都应该做到严以律己，宽以待人；与人交往和蔼友善，站在他人的角度去思考问题，“己所不欲，勿施于人”；在处理和自身利益相关的事情时，要做到大公无私，不谋私利；兢兢业业，勤奋进取；选择良师益友一路同行；遇到错误要及时改正，以求完美。只有这样，我们才会拥有和谐的人际关系，在人际交往中游刃有余，从而更加有利于自己的成长。

思考寄语

君子对己严，对人宽，这是不容易做到的。有人往往过高地看到自己的成绩，忽视或原谅自己的缺点，千方百计寻找宽恕自己的理由，为了抬高自己，不惜压倒别人。这样做，不但自己不能进步，还经常得罪别人，招来怨恨，显然不利于自己的人际交往。在日常生活中，我们要严以律己，宽以待人，知错就改，对自己存在的问题不掩饰，不逃避，积极面对，勇于改过。只有这样，才能让自己在未来的道路上走得更轻松、更长远。

2 以铜为镜

诵读主体

以铜为镜，可以正衣冠，以史为镜（以古为镜），可以知兴替，以人为镜，可以明得失。

知人论世

以铜为镜，出处《旧唐书·魏征传》，是唐太宗对魏征的评价。一个人用铜当镜子，可以照见衣帽是不是穿戴得端正；用历史当镜子，可以知道国家兴亡的原因；用人当镜子，可以发现自己的对错。

阅读鉴赏

“以铜为镜”出自唐太宗李世民之口。唐贞观十七年（643），直言敢谏的魏征病死了。唐太宗很难过，他流着眼泪说：“夫以铜为镜，可以正衣冠；以史为镜，可以知兴替；以人为镜，可以明得失。魏征没，朕亡一镜矣！”

“一个人用铜当镜子，可以使衣帽穿戴得端正；用历史当镜子，可以知道国家兴亡的原因；用人当镜子，可以发现自己的对错。魏征一死，我就少了一面好镜子啊。”——这堪称对魏征人生价值的最高评价。同时也说明了魏征在唐太宗执政期间起到的重大作用。

这句话直至今日仍然起到警醒我们的作用，提醒我们应该时刻以他人为鉴，正视自己的错误并加以改正。一方面，我们要树立好自己的人生坐标，在参考中迈进，这个坐标可以是自我目标，可以是对比他人，也可以是过去的自己。苏格拉底曾说过要“认识你自己”。也就是说，人贵有自知之明。其实做很多事情，下很多决定，都是在真正认清自己的基础之上，如果没有对自我的客观判断，就会或自负，好高骛远；或自卑，贬低自己，这都不利于个人真正的成长。另一方面，这句话也启发我们要珍视身边可以给你“挑刺”的人。有的时候，生活中能直言不讳地指出你的缺点而使你面赤、心跳、汗颜、不悦的人也是难得的朋友。而我们面对自己的问题，也需要接受这些“刺”，因为只有勇敢直视自己的不足，接纳自己的缺点，认真反省，才能取得进步。

思考寄语

以铜为镜告诉我们：经常借鉴别人的经验教训，让我们自己能够扬长避短，避免错误。从大的方面来说，借鉴历史，能够让我们少走弯路。

3 纪晓岚跳河

诵读主体

清代学者纪晓岚，很受乾隆皇帝的宠爱。一次，两人在野外散步聊天。乾隆突然问道：“纪卿，‘忠孝’之义何解？”纪晓岚回答：“禀告皇上，君要臣死，臣不得不死，谓之忠；父要子亡，子不得不亡，谓之孝！”乾隆又说：“嗯，说得好，现在，朕想以君的身份要你去尽忠，怎么样？”纪晓岚一惊，少顷，回答说：“臣遵旨！”

纪晓岚说完就走了，皇帝当然知道纪晓岚不会去死，不过也想看看他是如何为自己解围的？于是静观其应对方法。不一会儿，纪晓岚回来了，乾隆问道：“你怎么没尽忠啊？”“我刚才想跳河尽忠，正在这时碰到屈原了，他不让我死！”“此话什么意思？”“我去到河边，正要往下跳时，屈原从水里向我走来，他说：‘晓岚，你为什么要这样呢？我那时跳河自尽，是因为当时楚怀王昏庸无能；而你现在，听说是开明盛世啊！这样吧，你先回去问一问皇帝，看他说是不是昏庸无能，如果说是，你再来跳河，我等你！’这样，我就回来问您了！”

乾隆听后，放声大笑连连称赞：“好一个如簧之舌，真不愧为当今雄辩之才啊！”

知人论世

纪昀（1724—1805），字晓岚，别字春帆，号石云，道号观弈道人、孤石老人，谥号文达，直隶献县（今河北省献县）人，清朝政治家、文学家。1754年，考中进士，入选翰林院庶吉士，历任协办大学士，以太子太保、管国子监事致仕。一生学宗汉儒，博览群书，工于诗歌及骈文，长于训诂考证，曾任《四库全书》总纂官，著有《纪文达公遗集》。

阅读鉴赏

人们处在各种关系之中，方圆之道是安身立命、杀出重围的重要途径。特别是在与地位较高的人相处时，更要掌握方圆之道。纪晓岚聪明绝顶，辩才无碍，他能巧妙地为自己找到一个解脱困境的依靠：屈原。借屈原之语，为乾隆设立窘境，指出："如果皇上承认自己昏庸，我就去死。"皇上当然不会再将玩笑推到此地步，纪晓岚很自然地把自己从"死"中解脱出来了。

假借他物，"他物"无论是言语还是实体，都在此时此刻具有一定的权威性，有震撼力。

这就是纪晓岚的处世智慧。他身处清朝由盛而衰、由治而乱的过渡时期，以天纵之聪明，在复杂多变的封建官场中随机应变，方圆相济。他传奇般的成功就在于他巧妙地将"方"与"圆"有机结合起来，达成品德与才华、为学与为官等一系列看似对立的事物之间的高度统一。

在纪晓岚身上很好地体现了中国人信奉的"做事要方，做人要圆"的人生哲学。"方"是做人要方方正正，有棱有角，有自己的主见和原则，不为权势和金钱所左右。但它不是呆板、教条、认死理，而是以不变应万变，"方"外有"圆"；"圆"是做人要圆通老成，认清时务，讲究技巧，使自己能够进退自如，游刃有余。但它不是奸猾世故，八面玲珑，而是面对不同的情况能够采取不同的做法，"圆"中有"方"。"方"是做人的脊梁，"圆"是处事的锦囊。如果只"方"不"圆"，或者只"圆"不"方"，必将碰得头破血流，一事无成。

思考寄语

纪晓岚跳河的故事很好地阐明了中国人处世的方圆之道。“方”与“圆”凝聚在一枚小小的古铜钱中，外面圆圆的，中间是棱角分明的方孔。它寓示着“外圆内方”的做人道理。方，是做人的正气，优秀的品质；圆，是处世的技巧。方圆合璧是智者所为，只有将方与圆这双剑合璧的人，才能够在各种生存环境中游刃有余，纪晓岚即是如此。

4 见贤思齐

诵读主体

子曰：“见贤思齐焉，见不贤而内自省也。”

知人论世

《见贤思齐》出自《论语·里仁》，本篇共26章，主要内容涉及义与利的关系问题、个人的道德修养问题、孝敬父母的问题以及君子与小人的区别。这一篇包括了儒家的若干重要范畴、原则和理论，都对后世产生了较大影响。

阅读鉴赏

译文：

孔子说：“看见贤人就应该想着向他看齐；见到不贤的人，就要反省自己有没有类似的毛病。”

自我反省是道德修养的一种方法，经常反省自己，可以去除心中的杂念，理性地看待自己，快速地改掉自己的缺点，完善自己的道德境界。《论语·为政》篇中提到，曾子每日“三省吾身”，在此孔子又提出了“见贤思齐焉，见不贤内自省也”的修养方法，就是为了说明在一个人完善自己的人格和学问，提高道德修养的过程中，自省的重要作用。

在人的一生中，重要的不是你能做出什么伟大功业，而是能否战胜自己。战胜自己，就是促使自己内心向善力量的增长，去除心中的不良念头，塑造和重建自己的人格，而要做到这一点，没有自省是办不到的。自省的方法很多，比如“慎独”和曾子的三省吾身，这两个方法都注重内在的感悟。而孔子这里提出的方法则是由外而内，避免了独坐苦思可能带来疲倦和迷茫，从而使自省变得生动和活泼起来。

据史载，苏轼在年少的时候，他的母亲程氏教他读《后汉书》。当读到《范滂传》的时候，苏轼为范滂母子大义凛然的精神所感动，就问自己的母亲：“如果有一天，我做官成了范滂，那母亲将如何呢？”程氏回答说：“你要是能像范滂一样为国尽忠，我难道不能像范滂的母亲那样吗？”范滂是东汉名士，因清廉正直而得罪权贵。第二次党锢之祸时，十常侍诬陷范滂，下令将他逮捕。许多人劝范滂逃走，不少地方官甚至有意纵放。但是，范滂的母亲却劝他学习李膺，慷慨赴义。苏轼母子这番对话，就是典型的见贤思齐。也正因为有这样向善自省的修为，苏轼后来才成为一代贤士。

见贤思齐，是在寻找一个进德修身的人生榜样；见不贤而内自省，则是在寻找一个反面典型。以正面形象作指引，以反面教材作镜鉴，不失为自我修养的捷径。其实，一个人起点低并不可怕，可怕的是没有积极进取的精神；人有缺点或者过失也不可怕，可怕的是满身错误而不知。面对我们自己的种种不足或过失，如果能够正视它、改正它，就没有什么可担忧的了。正如希腊哲学家德谟克利特所说的那样：“对可耻的行为的追悔是对生命的拯救。”什么叫追悔，说白了就是正视自己的错误、进行自我反省。

但是，在现实生活中，有些人非但不能自省，还自欺欺人，觉得都是别人的过错，自己只是受到了牵连而已。对于这种人而言，他们很难正视自己的错误，更不希望有人将他的缺点给揭露出来。对于别人的批评，大多会采取文过饰非，一副无所谓的态度，这就像已经发现了堤坝上的裂缝，却不进行修补，只是在上面涂上一点水泥将缝隙掩盖住。从表面上看，堤坝仍是完美无缺的，但在洪水猛烈地冲击下是坚持不了多久的。

思考寄语

见贤思齐，以别人的长处和优点为鉴，来补己之短、提升自己；见不贤而内自省，以别人的过失为鉴，避免自己犯错。这种方法可以应用于个人学习、生活、工作的各个方面。要用好这一方法，首先要谦虚，其次要好学，再次要消除偏见，最后要善于沟通。

5 方与圆

诵读主体

天道曰圆，地道曰方。方，即是规矩，是框架，是做人之本；圆，即是圆通、灵活，是老练，是处世之道。为人处世，当方则方，该圆就圆，方外有圆，圆中有方，方圆相济，社会才会和谐。人生自在方圆中。“方”是人立志的思想气度，“圆”是人适应社会、协调乾坤的行为准则。刚为方，柔为圆。以不变应万变是方，以万变应不变是圆，人生的巧妙就在于方圆合一的道理，强调了方圆结合、为人处世的大智慧。

知人论世

本文出自《方与圆》，作者丁远峙，全书理论联系实际，案例精彩纷呈，妙招层出不穷，既充满趣味又发人深省，是一本使人读来有益，学后受益的人生指南读物。

阅读鉴赏

从最早的秦国半两钱开始，到清末的宣统通宝结束，两千多年时间里，方孔钱币一直被沿用。也许它只是普通的钱币，然而它又不是普通的钱币，因为它将方与圆这两种形状合二为一，体现了美观与实用。更重要的是，我们从中可窥见做人的哲学和智慧，那就是人既要“方”又要“圆”，这样的人格才算完美。

方与圆，原本是不同的几何图形，方形有棱有角，硬硬生生，而圆形圆润曲柔，柔润和谐。由物及人，方，象征着做人的根本，代表着雷打不动的原则，蕴含着一个人的内在特质；圆，象征着老道的处事方略，代表着迎合社会的技巧，是一个人特质的外在反映。

方与圆，看似是两种不可调和的矛盾体，结合起来却形成了完美的人格魅力。这样的结合，犹如太极阴阳结合之美，代表着人的阴柔阳刚之气。有方无圆，人只会一根筋，一条道走到黑；有圆无方，人会失去基本原则，丧失道德。因此，为人处世，需要方与圆的智慧，这种智慧，其实就是哲学家孔子所说的“中庸之道”的精髓。

在为人处世当中，古人讲：严以律己，宽以待人。意思是说人应该严格控制自己，包括立场、行为等，同时对待别人要胸襟宽广，善待他人。这样内方与外圆结合，才能让自己变得更加优秀、更加杰出，善待他人，也会让自己在他人心中建立起良好的形象。

其实，这种内方与外圆的智慧，体现在生活、工作方方面面。我们不难发现，但凡那些成功人士，无一不懂得方与圆的奥妙，而且正是这样的奥妙之法助力他们成功。因此，对于那些人生抱有梦想，并且愿意为梦想拼搏的人，都应深谙方与圆的智慧。

在生活当中，想要让生活更美好，想要让自己结交更多的朋友，就需要方与圆的智慧。比如在交友过程中始终坚持自己的道德底线，坦诚相待、平等交往、尊重对方。与此同时，在朋友需要帮助时伸出援助之手，真心为对方付出。这些都是觅得知己的良方。

其实，不管是“方”还是“圆”。说到底，均是为人处世的基本智慧。如果你是一个怀揣希望，想要在人生中有所作为的人，必须掌握方圆智慧。凭此建立人脉，掌握办事方法，以减少人生道路上的阻碍，用卓越的言行铺就一条通向成功的阳光大道。

思考寄语

做人必须方外有圆，圆中有方。“方”是做人之本，是堂堂正正做人的精神脊梁，人的外在是内在的一种反映，内心没有的东西，外表就无法显露，内心有了，外在自然而然就会表现出来。人的心灵杰出，行为才可能杰出；人的内心美好，气质才会美好。人的气质、能力在很大程度上由人的内在品质所决定。对人生而言，技巧只是方法和手段，而决定人生成败的却是品质。

6 三思而行

诵读主体

春秋时期，孔子带领他的弟子周游列国推销他的仁政，在鲁国碰壁后，他在离开卫国的途中总结在鲁国的经验时，对他的女婿公冶长及子贡等人说：“鲁国执政的人中只有季文子处事不冲动，三思而后行。”

知人论世

季文子（？—前568），即季孙行父。春秋时期鲁国的正卿，前601年—前568年执政，卒于鲁襄公五年（前568）十二月辛未。姬姓，季氏，谥文，史称“季文子”。

阅读鉴赏

三思而行表面上看是“三”，但并不仅指一定要三个思，这里的“三”泛指多思考、善于思考的意思。如果要说“三思”就是要“思考”三个方面的话，那也不无道理，也能说得过去。这“三思”，至少应当包括三个方面的问题：

首先，无论做什么事情，都要思考有没有利？有利益的事，就行；没有利益的事，就不要行。当然，这有利益，指的不光是自己，也包括别人的和大家的利益。只要看准了有利益的事，特别是对别人和大家有利益的事，就要干，而且一定要干好。

其次，无论做什么事情，都要思考有没有弊？有弊的事，就不干；没有弊的事，才可以干。同样，这个弊也不光是指自己的，也包括别人的和大家的。只要看准了有弊的事，尤其是对别人和大家有弊的事，就不干，而且一定要坚决不干。

最后，无论做什么事情，都要权衡利弊。要看做一件事情，是利大还是弊大？是利多还是弊多？凡利大的事、利多的事、弊小的事、弊少的事，就干；反之，凡弊大的事、弊多的事、利小的事、利少的事，就不干。特别是那些对别人和大家弊大的、利小的、弊多的、利少的事情，一是要坚决不干，二是非要干不可的，也要慎重地干，尽可能地化弊为利，把坏事变成好事。同时，还要分清，哪些是从眼前看是有利的，而从长远看是有弊的，哪些从眼前看是有弊的，而从长远看是有利的，要全面地进行思考，从整体上看有利的就干，从长远看是有弊的就不干。

总之，“三思而行”，绝不是一句空话，其有着实实在在的内容。“三思而行”，这话好说，但真正做起来，尤其是能做好还是比较难的。但正是因为难，古人才告诫我们一定要“三思而行”，这是古训，也是真理。

思考寄语

“三思而行”告诉我们，一个人做一件事情之前进行思考是非常有必要的，因为只有经过充分的思考，做好准备才能达到预期的最好效果。做事之前进行准备，可以使我们增加自己的信心，有了信心会更有动力去做这件事，从而使自己在做这件事的路上更加顺利，即使遇到困难也会因为自己有了准备而不至于手足无措。

7 勿以善小而不为

诵读主体

勿以恶小而为之，勿以善小而不为。惟贤惟德，能服于人。

知人论世

这是刘备去世前给其子刘禅的遗诏中的话，目的是劝勉他要进德修业，有所作为。不要因为好事小而不做，更不能因为坏事小而去做。小善积多了就成为利天下的大善，而小恶积多了则“足以乱国家”。

阅读鉴赏

“勿以善小而不为。”这句出自《三国志·蜀书·先主传》，是托孤遗诏的话，妇孺皆知。所谓“善小”，意在小小的善行。唯所行可以称为“小”，举手之劳，何足挂齿，是微不足道之意。行虽微小，而善心乃大。哪怕点滴的善举，非得有大大的善心才能发生。

一心向善（以孝为根本）的人，举手投足之间，俯仰坐卧之间，一笑一念之间，无不善美。要做到“勿以善小而不为”，就务必使心常存善念。时常修正，时常省悟，才能发心从事，将善念行之于起止之间。可以细微到一个招呼，一个微笑，甚至一个眼神。小，其实是善的根本，善行的根本。

所谓“善小”，不在于轰轰烈烈的大功德，大善事。譬如兴修庙宇，铺路修桥，这些事富有之人才能做到。而寻常人家的善行，自有“德惠里仁”的妙处。因为一切善心没有差别，差别在于对善的认识。富人行大举固然积善，贫者做微行亦是大德。一概的善，一概的德，一概的学问知识，无不以“小”为用。像大树参天，必然以枝叶的繁茂为表现，必然以“密”不透光的“微小”来致用。大树的德“行”，即是与人荫凉的方便。

“勿以善小而不为”的另一层，在于道出善的难行。若不难行，何故常“以善小而不为”？不为“善小”，无外乎两种：一种是不屑于行善。另一种是不屑于行小善。俱是未明根本，根本未明。

星星之火，可以燎原。在生活的车轮里，我们应追求一份尽善尽美，将自己的善念投入生活中的一点一滴中去，用我们的善促进社会的和谐。

罗曼·罗兰曾说过："灵魂最美的音乐是善良。"法国作家雨果也说过："善是精神世界的太阳。"我国的古代贤人管仲都说："善人者，人亦善之。"善良，是我们生命道路中不可缺少的品德，它不仅仅是怡然自得的花香，更是一种香飘万里的精神传承。让我们从身边做起，从自我做起，用小行动，点燃大激情。相信善良的力量，相信人性的美好。

思考寄语

法国作家卢梭曾说："善良的行为使人的灵魂变得高尚。"行善、积德、增福报，从古至今，人们一直传承着这样的理念，人们一直坚守着这样的信条。对于不幸中的人、对于痛苦中的人、对于纠结中的人，我们所做的微不足道的善行，就是他们精神上的良药。很有可能，因为我们的言行，改变了他们的心态，解除了他们的痛苦，使他们找到了方向，走向了新生。所以说，"勿以善小而不为"，点点滴滴都是情，细节之中有大爱。

8 论教养

诵读主体

良好的教养不仅来自家庭和学校，而且可以得之于自身。

但是必须了解，什么是真正的教养。

我不敢贸然提供有关教养的"处方"，因为我不认为自己是教养完美的典范。不过，我倒是愿意就某些想法跟读者交换意见。

比方说，我确信，一个人是不是真正有教养，首先要看他在自己家里、在自己亲属之间的表现，看他和亲人们的关系究竟怎么样。

一个男人假如他在街道能为陌生的妇女让路，让她先行，乘坐公共汽车时，能让妇女首先上车，甚至亲手为她把车门打开，可是他在家里，却懒得帮助疲惫不堪的妻子刷洗餐具——那么，我们可以断定这个男人还存在着教养上的缺陷。

假如一个男人跟朋友和熟人见面时彬彬有礼，可是在家里对妻子儿女动不动就大发雷霆——那就可以肯定他不是一个有教养的人。

一个人，如果对自己亲人的性格、心理缺乏了解，对他们的习惯和愿望总是漠不关心，那就不能说他是个有教养的人。

假如一个人已经进入成年，仍把接受父母的关爱看作理所当然的事情，与此同时却看不到父母也需要关爱和帮助，那么同样不能说他是个有教养的人。

假如一个人在家里，不管是不是有人在看书或者在做功课，即便做功课的是他年龄幼小的孩子，他都不管不顾地打开收音机或者电视，并且把音量放得很大，或者随心所欲地高声说话——那么，可以断定这个人缺乏教养，而且他永远也不会把自己的子女培养成有涵养的人。

假如一个人喜欢跟妻子或者孩子们开玩笑，却不顾及他们的自尊心，尤其是当有外人在场的时候，还要一意孤行，恕我直言，这样的人简直蠢到了极点！

一个有教养的人，必定从心里愿意尊重别人，也善于尊重别人。对他来说，礼貌待人不仅习以为常，轻松自然，而且能让他心情愉快。有教养的人对别人一律谦让和礼让，无论接触的人年长还是年幼，是社会贤达还是平民百姓。

有教养的人待人处事绝不会自吹自擂。有教养的人懂得珍惜别人的时间（有句谚语说得好：国王的礼貌是恪守时间）。有教养的人允诺别人的事一定尽力去做，他不会摆架子、“翘鼻子”。无论何时何地，他的行为举止都保持一致——无论是在家里、在学校、在研究所、在供职的单位，还是在商场，或者在公共汽车上，他都始终如一，稳重随和。

谈论“风度”的书籍很多。在社会交往中，比如出门做客或者在家接待客人，在剧场，在工作场合，人究竟该如何自持？如何举止有度？怎么样对待老人和孩子？怎么样谈吐才算得体，不致使对方听了感到难堪？怎么样打扮才算合适，不致让周围的人们侧目而视？对于诸如此类的问题，这些书大都有详尽的论述。遗憾的是，人们却很少从这些书中汲取有益的见解。之所以出现这种状况，我认为原因在于这些讲解优雅风度的著作有个缺陷，就是很少解释人们为什么需要优雅风度，其必要性究竟何在。有些人有一种错觉，似乎优雅风度就是矫揉造作，是出于无聊，是附庸风雅，是毫无意义的忸怩作态。

当然，优雅风度可能是非常外在的。但是就整体而论，优雅风度是靠祖祖辈辈一代又一代人的经验积淀而成的，并且标志着人们渴望变得更高尚，渴望生活更优越、更美好的愿望，这是一种世代相传、持续不懈的追求。

问题的关键究竟何在呢？要养成优雅风度应该遵循哪些准则？——搜集那些难以逐一熟记的行为举止的“道德箴言”，是不是一件轻而易举的事情呢？

一切优雅风度的基础其实是一种关照态度——时时刻刻要记住：一个人不应该妨碍他人的生活，要让大家都有良好的自我感觉。

切记不要互相妨碍，因此不应当大声喧哗。听到吵闹声不必捂住耳朵——在许多场合未必能做到这一点。比如说，吃饭的时候，切记避免吧嗒嘴，把汤匙放在碟子上的时候不要弄出声响，喝汤时也不要有声音；嘴里嚼东西的时候不要说话，免得坐在旁边的人担心；不要把勺子放在桌子上，免得给邻座的人造成不便。穿着要整洁，表明你对别人的尊重。敬重客人，敬重主人，或者说得更简单一点，敬重路上的行人，不要让大家对你侧目而视。不要连续不断地开玩笑，说俏皮话，讲笑话，弄得旁边的客人心烦，尤其是重复别人已经说过、听你说话的人已经听过的笑话，那更加让人厌倦。絮絮叨叨会让谈话的对方陷入尴尬的境地。切记不要只顾自己说笑逗别人开心，也要让其他人有机会说点什么。动作举止、衣服装饰、走路的步态，一切都要有分寸，力求优雅。要知道任何优雅都不会让人厌烦。优雅是“社会共享的”。因此，在有教养的优雅举止中总是包容着深刻的含义。不要以为优雅仅仅是徒有其表的举止。你是凭借自己的举止表现你的素质。自我修养，与其说是注重行为举止，莫如说是重视行为举止的内涵，是以慎重的态度对待世界：敬重社会，珍惜大自然，甚至珍惜动物，珍惜花草树木，珍惜当地的美丽风光，珍惜你居住地的历史，等等。

无须背诵数以百计的格言信条，只须记住一条：必须以尊重的态度对待别人。如果你懂得了这一点，再加上几分随机应变的智慧，那么风度就会自动来到你的身边。换句话说，你会自然而然地记住保持优雅举止的具体做法，你将乐于实施并且善于把这些法则付诸实践。

知人论世

德米特里·利哈乔夫（1906—1999），是20世纪苏联著名的知识分子之一，政治家、作家、文艺理论家和基督教活动家。他生于圣彼得堡，目睹了十月革命。17岁时进大学学习人类学与语言学。1938年，进入列宁格勒俄罗斯文学研究所。参加过惨烈的列宁格勒保卫战。1946—1953年，在列宁格勒大学任教授。1971年，被推举为苏联科学院（现俄罗斯科学院）院士。1986年，他开始重新寻找基督教和俄罗斯文化之根。苏联解体后其地位相当于托尔斯泰和陀思妥耶夫斯基。作为文化大师，他把他的一生都献给了他的祖国，成为20世纪俄罗斯的知识象征。

阅读鉴赏

《论教养》透过“有教养”及“无教养”的现象，对众多事例进行了比较、分析，自然而然地得出自己的结论，探究“真正的教养”和“优雅风度”的本质。

第一部分（1~2自然段）：开门见山，引入论题。第二部分（3~12段）：先谈“无教养”的例子，再谈“有教养”的表现，论说什么是“有教养”。第三部分（13~18自然段）：通过列举事例和现象，论证什么是“优雅风度”。

本文行文活泼、灵动，思路清晰。从讨论教养本身到剖析教养的重要表现——“优雅风度”，其中贯穿着作者的基本见解：教养的本质是尊重。作为一篇写给青少年的“书简”，文中有探讨问题的逻辑和推论，又有大量生动的事例，加上精辟的观点和格言式的句子，引人深思，值得反复咀嚼、品味。

在论证方法上，本文运用了举例论证和对比论证来阐明自己的观点。5~10自然段集中列举了无教养的例子，17自然段集中列举了优雅风度的具体表现。这些例子都鲜活地证明了怎样才是真正的教养和优雅的风度。此外，本文还多处使用了对比论证的方法。5~10自然段每段都是通过假设、对比，列举了没有教养的表现，体现了没有教养的具体指向。第二部分的两层也是前一层先谈“无教养”的例子，再谈“有教养”的表现，这样对比起来，更能体现真正的教养。

本文作者德米特里·利哈乔夫从日常生活的细节中感受着教养的内涵，阐明了教养的意义和自己的独特见解。虽然国家不同，但是他的见解同样适用于中国。

中国是一个重视教养的礼仪之邦。《三字经》讲：“养不教，父之过。教不严，师之惰。”“为人子，方少时，亲师友，习礼仪。”这个“礼仪”就是教养的重要内容。

真正有教养的人总能与自己的心和谐相处，他们温和谦逊，有容人之量。他们很清楚自己有多少能力，也能很准确地意识到自己的弱点。他们明白，尽管人与人之间有太多的差异，但人性在很大程度上是相通的。他们知道自己在这个世界上的位置，而且他们也完全能容纳其他人的存在。他们的宽容之情能让自己抛开经验局限与偏见，从而对其他可能与自己截然不同的观点保持开放态度。罗马诗人贺拉斯的诗篇中有这样一句话："他们的慧耳能准确聆听缪斯之声，他们的灵魂能远离庸俗的嫉妒。"

中国人历来重视礼仪，过去读书人常说的"通五经，贯六艺"，无论五经还是六艺，都提到"礼"。汉、唐、宋、明时代，中国的礼仪成为世界的典范。人们在日常生活、社会交往、行业工作以及政治外交活动中，都遵守一定的礼法，做到温良恭俭让，即温厚、善良、恭敬、约束、谦让。可是现在很多人把"礼"搞丢了，做了非礼之人。他们不懂礼貌，没有长幼尊卑；他们随地吐痰，乱扔乱放；他们贪图私利，插队拥挤；他们在公众场所大喊大叫，在会议室窃窃私语；他们随意损毁公物，动不动就谩骂斗殴，等等。这与礼仪之邦、和谐社会是格格不入的。

看看"卓别林打苍蝇"的故事，大家就明白什么是教养、什么是无教养了。

卓别林能编、能导、能演，是不可多得的全能影人。有一次，他在召开影片摄制会议时，一只苍蝇在他四周绕着圈子飞。起初他用手打几下，没有打到，就要了一个苍蝇拍。会议进行中，他就握着苍蝇拍，摆出打苍蝇的姿态，眼睛狠狠地望着那只苍蝇。可是打了三次，都没有打到。后来苍蝇就停在他面前的桌上，他慢慢地拿起苍蝇拍，正要狠命一击时，忽然放下手中的武器，让苍蝇飞走了。旁边在座的人看了，就说："为什么你不打死它？"这位谐星耸了耸肩说："这不是刚才的那只！"

苏霍姆林斯基说："在人类心灵的花园中，最质朴、最美丽和最平凡的花朵是人的教养。"18世纪末政治家、思想家勃客也曾写过这样的话："教养比法律还重要，它们依着自己的性能，或推动道德，或促成道德，或完全毁灭道德。"而卓别林终止了对苍蝇的"狠命一击"，换来了会堂的和谐，恰是他有良好教养的表现。

思考寄语

人生的真正目的，在于追求幸福与快乐。而做个有教养的人，是取得幸福和快乐的前提。有教养的人受人尊敬，讨人喜欢；没有教养的人，一句恶语就会让人远去，甚至绝交。因此，我们应该把做个有教养的人，维护环境和谐，当成我们的人生追求，同时把它作为我们做人的一种品质，一种责任，一种义务。

9 播种一种行为，收获一种习惯

诵读主体

播种一种行为，收获一种习惯；播种一种习惯，收获一种性格；播种一种性格，收获一种命运。

知人论世

亚里士多德（前384—前322），古代先哲，古希腊人，世界古代史上伟大的哲学家、科学家和教育家之一，堪称希腊哲学的集大成者。他是柏拉图的学生，亚历山大的老师。

阅读鉴赏

习惯是养成教育的产物，它往往源于看似不经意的小事，却蕴含了足以改变人类命运的巨大能量。好习惯常常让人受益终生，坏习惯往往使人深陷泥潭。

每个人的行为，都会受到一定的环境的影响。其中，有人们的潜移默化，有事物的耳濡目染，有气氛的默默滋润。比如在学习上，好学生对待学习态度良好，对自己充满信心，充满希望。每有所学，常常先是理解，然后记忆，接着练习，最后掌握知识，提高运用知识的能力。

在不断循环的过程中，有人养成良好的学习习惯。平时的万涓细流，汇成知识的洪流。他们用日常的踏实认真，养成积极、主动、勤奋的习惯，克服马虎、消极、懒惰的不良行为，自制力较强，专心程度较高，容易获取理想的成绩。

有诗人曾经写过一首诗："把一个信念播种下去，收获的将是一个行动；把一个行动播种下去，收获的将是一个习惯；把一个习惯播种下去，收到的将是一个性格；把一个性格播种下去，收获的将是一个命运。"养成一个良好的习惯，其重要程度不言而喻。也许，单从学习上讨论，还不足以说明"播种习惯，收获命运"，但在其他方面，比如工作上，良好的行为与习惯，将会让你在人生旅途中，少一分坎坷，少一分困难，少一分波折，而多一分和谐，多一分成功，多一分美好。

细节差之毫厘，结果谬以千里，真理和谬论往往只有一步之遥。相信大家都有过这样的体验：一个错误的数据，可以导致几个通宵的心血白费，一篇材料的失误，可以导致几个月来的努力泡汤。这就是细节的重要，这就是精细的力量。我们更要加强细节观念，将细节决定成败的理念引入实际学习实践中。从细节入手，在细节中挖掘潜力，以认真的态度做好学习中的每件小事，只有这样，才能在将来的每个平凡岗位上发挥出最大的作用，只有这样，才能为我们的人生增光添彩。

思考寄语

我们要常常警诫自己，学习应该从小事做起，要注重细节。很多小事，一个人能做，另外的人也能做，只是做出来的效果不一样。往往就是一些细节上的功夫，决定着完成的质量。小事不能小看，细节方显魅力。以认真的态度做好学习中的每件小事，只有小事做好了，将来才能在平凡的岗位上创造出更大的价值。

10 物以类聚 人以群分

诵读主体

战国时期，齐国有一位著名的学者名叫淳于髡[kūn]。他博学多才，能言善辩，被任命为齐国的大夫。他经常利用寓言故事、民间传说、山野逸闻来劝谏齐王，而不是通过讲大道理来说服他，却往往能收到意想不到的效果。有一次，齐宣王想攻打魏国，积极调动军队，征集粮草补充兵源，使得国库空虚，民间穷困，有的百姓已经逃到其他国家去了。淳于髡对此十分忧虑，他就去求见齐宣王。齐宣王爱听故事，淳于髡投其所好，说："臣最近听到一个故事，想讲给大王听"，齐宣王说："好啊，寡人好久没听先生讲故事了。"淳于髡说："有一条叫韩子卢的黑狗，是普天下跑得最快的狗。有一只叫东郭逡的兔子，是四海内最狡猾的兔子。有一天，韩子卢追逐东郭逡，绕着山跑了三圈，又翻山顶来回追了五趟，兔子在前面跑得筋疲力尽，狗在后面追得力尽筋疲，双双累死在山腰，一个农夫看见了，没花一点力气，就独自得到了这个便宜。"齐宣王听出淳于髡话中有话，就笑着说："先生想教我什么呢？"淳于髡说："现在齐、魏两国相持不下，双方的军队都很疲惫，两国的百姓深受其害，恐怕秦、楚等强国正在后面等着，像老农一样准备捡便宜呢。"齐宣公听了，认为很有道理，就下令停止进攻魏国。

齐宣王喜欢招贤纳士，于是让淳于髡举荐人才。淳于髡一天之内接连向齐宣王推荐了七位贤能之士。

齐宣王很惊讶，就问淳于髡说："寡人听说，人才是很难得的，如果一千年之内能找到一位贤人，那贤人就好像多得像肩并肩站着一样；如果一百年能出现一个圣人，那圣人就像脚跟挨着脚跟来到一样，现在，你一天之内就推荐了七个贤士，那贤士是不是太多了？"

淳于髡回答说："不能这样说，要知道，同类的鸟儿总聚在一起飞翔，同类的野兽总是聚在一起行动。人们要寻找柴胡、橘梗这类药材，如果到水泽洼地去找，恐怕永远也找不到；要是到梁文山的背面去找，那就可以成车地找到，这是因为天下同类的事物，总是要相聚在一起的。我淳于髡大概也算个贤士，所以让我举荐贤士，就如同在黄河里取水，在燧石中取火一样容易，我还要给您再推荐一些贤士，何止这七个！"

知人论世

物以类聚，人以群分，出自《战国策·齐策三》，用于比喻同类的东西常聚在一起，志同道合的人相聚成群，反之就分开。

淳于髡（约前386—前310），齐国黄县（今山东省龙口市）人，战国时期齐国政治家、思想家，齐之赘婿，齐威王拜其为政卿大夫。

淳于髡身长不满七尺，滑稽多辩，数度出使诸侯，未尝屈辱。他博学多才、善于辩论，曾经辅佐过魏惠王、陈轸等人，是稷下学宫中最具有影响的学者之一。他长期活跃在齐国的政治和学术领域，上说下教，不治而议论，曾对齐国新兴封建制度的巩固和发展，对齐国的振兴与强盛，对威、宣之际稷下之学的发展做出了重要的贡献。

阅读鉴赏

“物以类聚，人以群分”，淳于髡之所以能够在一天之内快速找到七位贤人，与他的交友之道密不可分。俗话说“道不同，不相为谋”，脾气相投的人自然相处融洽，志同道合的人自然会聚在一起。有一句俗话“龙交龙，凤交凤，老鼠的朋友会打洞”，也是这个意思。这句话在自然界其他种族之间适用，在人类中更是如此。

有人说：“想要了解一个人，就去看看他的朋友。”一个人的“三观”如何，一般来说，一半来自他汲取的知识与接触的社会，另一半则来自家庭与朋友。然而更多时候，后者更具有直接引导作用。简单来说，你和什么样的人在一起，就会拥有什么样的人生。和阳光的人在一起，心里不会晦暗；和快乐的人在一起，嘴角常带微笑；和进取的人在一起，行动不会落后；和大方的人在一起，处事不会小气；和睿智的人在一起，遇事不会迷茫；和聪明的人在一起，做事就会变得机敏。

对于年轻人来说，品格正在构成之中，慎重择友就显得十分重要。年轻人极易吸收、消化他人的思想、爱好，极易模仿别人的行为，与他人产生思想上的共鸣。朋友之中，只要一个染上了坏的习惯，有了不良嗜好，其他人往往仿而效之，许多人就这样不知不觉地染上恶习，日久渐长，竟至无法改掉，这就是交友不慎所致。牛津大学的叶格卫斯先生坚定地认为，年轻的朋友们在一起，极易构成一致意见，因为每个人都容易被对方同化，因而大伙儿易趋于一致。经常相聚的人，连讲话的腔调都十分近似。我们看一个人只需看他有些什么样的朋友就行了。

年轻人应当有远大的抱负，有志同道合追求上进的朋友，对朋友的要求高也就是对自我的要求高。历来多少英雄豪杰视择友为大事。牛津大学较早时期的名人弗兰西斯·霍勒平生喜欢与一些德行高洁、才学过人的人交朋友，在与这些朋友的高谈阔论中他获益良多。他曾感慨地说："我敢断言，我从我的朋友们那里学到的为人处世的学问、所得到的知识财富远比我从书本上寻章摘句得到的多。"

正如在鲜花盛开的花丛中走过后，身上必然留下阵阵芳香一样，与德行高雅的朋友们久处，自我的言行举止也会高雅起来。凡是熟悉约翰·斯特林的人都发自内心地说，在与斯特林的个人交往中，斯特林给他们以种种有益的影响。正是在斯特林先生的感悟和影响之下，他们才迷途知返，终成正果。还有许多人说，正是斯特林先生使我们明白我们是什么，我们应当干些什么。特契先生在谈及斯特林先生时曾说过，凡是与斯特林先生交往过的人，没有不被他那崇高的品德所感动的。你只要与他生活在一起。你的灵魂就会得到净化，你的精神就会变得崇高。每当我离开他时，我总感到我超脱了尘世许多无谓的烦恼，有一种崇高的精神激励我奋勇前进。

崇高的品德、高尚的情操总会给人以鼓舞和心灵的震撼。正如日月精华之气滋生万物一样，崇高的精神滋润着人的心灵。选择与高尚的人为伍，你将会不断提升自我人生品位，获得怦然心动的惊喜与成功。

思考寄语

物以类聚，人以群分。选择一个好的朋友可能会成就自我的一生；选择一个坏的伙伴，也足以把自己的前程毁掉。我们在交友时，必须牢记，宁可独自一人，没有朋友，也不能与那些庸俗卑劣的人为伍。我们的朋友最好是那些品格高尚的人、具有崇高精神的人。因为一位正直而富有才学的朋友就是一座圣洁的图书馆，只要你是他的志同道合的朋友，你就随时能够进入这座圣洁的图书馆，在无形中丰盈自己的心灵。

11 人有骨气

诵读主体

有些动物，主要是皮值钱，譬如狐狸；有些动物，主要是肉值钱，譬如牛；有些动物，主要是骨头值钱，譬如人。

知人论世

丰子恺（1898—1975），原名丰润，又名仁、仍，号子觊，后改为子恺，堂号缘缘堂，笔名“TK”（FONG TSE KA），法号婴行，生于浙江省崇德县石门湾（今浙江省嘉兴市桐乡市石门镇石门湾），中国现代著名的书画家、文学家、散文家、翻译家，被誉为“现代中国最艺术的艺术家”“中国现代漫画鼻祖”。

阅读鉴赏

孟子说：“富贵不能淫，贫贱不能移，威武不能屈，此之谓大丈夫。”意思是说，高官厚禄收买不了，贫穷困苦折磨不了，强暴武力威胁不了，这就是所谓大丈夫，这就是一个人的骨气。丰子恺是从革命战争年代走出来，经历了战火和硝烟，并以满腔热情自觉投身到抗日战争、民族解放战争的新民主主义革命的浪潮中。同时，他从那个年代开始，用美术担负美术家的责任；1949年后，他又走上中华人民共和国美术事业的开拓、建设、发展和革新的道路，并为此奋斗和奉献了一生，丰子恺的为人和担当，让我们看到了一个中国人的高贵。

《礼记》中有个故事：有一年，齐国发生大饥荒，富人黔敖向灾民施舍食物。有一个灾民有气无力地走了过来，黔敖大声喊道：“喂，来食！”那个灾民返身就离开了。由于拒绝嗟来之食，那个灾民最后饿死了。

或许有人会为他的死亡感到惋惜，毕竟人的生命是无比珍贵的，而且只有一次。但是，有人却会被他所具备的骨气所震撼。

“人不可有傲气，但不可无傲骨。”正如徐悲鸿说的那样，人应当具有骨气。一个人可以失去金钱，可以失去自由，甚至可以失去生命，但是，一个人绝对不能没有骨气。失去骨气就失去了做人的根本。

“人生自古谁无死，留取丹心照汗青。”这是文天祥的民族气节，这是文天祥的坚持，也是文天祥的骨子里的浩然正气。没有任何东西能比它更宝贵、更重要。

“捐躯赴国难，誓死忽如归。”在民族危亡之际，千千万万有骨气的中华儿女前仆后继、不怕牺牲，撑起了民族的脊梁。这些人是我们的楷模，是我们学习的榜样。比如，《囚歌》的作者叶挺将军，《红岩》中的烈士江姐。

相反，那些没有骨气的人都是软骨头。为了个人的生命和利益奴颜婢膝、出卖灵魂，他们也注定会被世人唾弃。例如，《红岩》中的叛徒甫志高、历史上的奸臣秦桧。

骨气是一个人的人格和尊严，是我们做人的脊梁。融进人血液中的骨气是我们做人不可缺少的重要元素，是我们一生中最大的瑰宝。

思考寄语

人生在世几十年，顶天立地，做人的骨气不能丢，为人的底线不能无！告诉自己，我就是我，我有我做人的原则，不为任何而改变，不为任何而逾越。不卑微，不萎靡，用尊严立足天地。

12 诫子书

诵读主体

夫君子之行，静以修身，俭以养德。非淡泊无以明志，非宁静无以致远。夫学须静也，才须学也，非学无以广才，非志无以成学。淫慢则不能励精，险躁则不能治性，年与时驰，意与日去，遂成枯落，多不接世，悲守穷庐，将复何及！

知人论世

诸葛亮（181—234），字孔明、号卧龙（也作伏龙），汉族，徐州琅琊阳都（今山东临沂市沂南县）人，三国时期蜀汉丞相、杰出的政治家、军事家、散文家、书法家。在世时被封为武乡侯，死后追谥忠武侯，东晋桓温特追封他为武兴王。其散文代表作有《出师表》《诫子书》等。曾发明木牛流马、孔明灯等，并改造连弩，叫作诸葛连弩，可一弩十矢俱发。于234年在五丈原（今宝鸡岐山境内）逝世。诸葛亮在后世受到极大尊崇，成为后世忠臣楷模、智慧化身。成都、宝鸡、汉中、南阳等地有武侯祠，杜甫作《蜀相》赞诸葛亮。

阅读鉴赏

译文：

有道德修养的君子，以安静反省来使自己尽善尽美，以简朴节约来培养自己高尚的品德。不清心寡欲就不能使自己志向坚定；不安定清静就不能实现远大理想而长期刻苦学习。要学得真知必须使身心在宁静中研究探讨，人们的才能是从不断的学习中积累起来的。如果不下苦功学习就不能增长与发扬自己的才干；如果没有坚定不移的意志就不能使学业成功。纵欲放荡，消极怠慢就不能勉励心志使精神振作；冒险草率，急躁不安就不能陶冶性情使情操高尚。如果年华与岁月虚度，志愿时日消磨，最终就会像枯枝落叶一般天天衰老下去。这样的人不会为社会所用而有益于社会，只有悲伤地困守在自己的穷家破舍里，到那时再悔也来不及了。

这是诸葛亮写给他儿子诸葛瞻的一封家书。从文中可以看出诸葛亮是一位品格高洁、才学渊博的父亲，对儿子的殷殷教诲与无限期望尽在此书中。全文通过智慧理性、简练谨严的文字，将普天下为人父者的爱子之情表达得非常深切，成为后世历代学子修身立志的名篇。

《诫子书》的主旨是劝勉儿子勤学立志、修身养性，要从淡泊宁静中下功夫，最忌怠惰险躁。文章概括了做人治学的经验，着重围绕一个“静”字加以论述，同时把失败归结为一个“躁”字，对比鲜明。

在《诫子书》中，诸葛亮教育儿子，要“淡泊”自守，“宁静”自处，鼓励儿子勤学励志，从淡泊和宁静的自身修养上狠下功夫。他说“夫学须静也，才须学也，非学无以广才，非志无以成学”。意思是说，不安定清静就不能为实现远大理想而长期刻苦学习，要学得真知必须使身心在宁静中研究探讨，人们的才能是从不断的学习中积累起来的；如果不下苦功学习就不能增长与发扬自己的才干；没有坚定不移的意志就不能使学业成功。诸葛亮教育儿子切忌心浮气躁，举止荒唐。在书信的后半部分，他则以慈父的口吻谆谆教导儿子：少壮不努力，老大徒伤悲。这话看起来不过是老生常谈罢了，但它是慈父教诲儿子的，字字句句是心中真话，是他人生的总结，因而格外令人珍惜。

这篇《诫子书》，还指明了立志与学习的关系；诸葛亮不但在大的原则方面对其子严格要求，循循善诱，甚至在一些具体事情上也体现出对子女的细微关怀。在这篇《诫子书》中，有宁静的力量：“静以修身”“非宁静无以致远”；有节俭的力量：“俭以养德”；有超脱的力量：“非淡泊无以明志”；有好学的力量：“夫学须静也，才须学也”；有励志的力量：“非学无以广才，非志无以成学”；有速度的力量：“淫慢则不能励精”；有性格的力量：“险躁则不能治性”；有惜时的力量：“年与时驰，意与日去”；有想象的力量：“遂成枯落，多不接世，悲守穷庐，将复何及”。

文章短小精悍，言简意赅；文字清新雅致，不事雕琢；说理平易近人，这些都是这篇文章的特殊之处。

思考寄语

诸葛亮为匡扶蜀汉政权，呕心沥血，鞠躬尽瘁，死而后已，已是世人之典范。《诫子书》短短几十字，既是他对儿子的劝诫，也是自己做人做事原则的总结。诸葛亮身处乱世，却能泰然处事，做出一番大事业。如果我们能宁静淡泊，远离放纵怠慢、偏激急躁，相信我们自己的人生道路会更加宽广。

13 心术（节选）

诵读主体

凡主将之道，知理而后可以举兵，知势而后可以加兵，知节而后可以用兵。知理则不屈，知势则不沮，知节则不穷。见小利不动，见小患不避，小利小患，不足以辱吾技也，夫然后有以支大利大患。夫惟养技而自爱者，无敌于天下。故一忍可以支百勇，一静可以制百动。

知人论世

苏洵（1009—1066），字明允，一说自号老泉，眉州眉山（今四川眉山）人。北宋文学家，与其子苏轼、苏辙并以文学著称于世，世称“三苏”，均被列入“唐宋八大家”。苏洵擅长散文，尤其擅长政论，议论明畅，笔势雄健，著有《嘉祐集》二十卷及《谥法》三卷，均与《宋史本传》并传于世。

阅读鉴赏

译文：

作为主将的原则是：明白道理然后可以出兵，了解形势然后可以增兵，懂得节制然后可以用兵。明白道理就不会屈服，了解形势就不会丧气，懂得节制就不会困窘。见了小利益不轻举妄动，遇上小祸难不回避。小利益、小祸难不值得辱没我的本领，然后才能够应付大利益、大祸难。只有善于蓄养本领又爱惜自己军队的人，才无敌于天下。所以一忍可以抵御百勇，一静可以控制百动。

苏洵《心术》，讲将领的心理修养，制下待敌之道，以及运思、机权之术。文章首先论将：“为将之道，当先治心”。治心，就是心理修养。作者认为，主将的心理品质要有二：第一，超人的镇定，临大事而不乱。“泰山崩于前而色不变”；第二，极度的沉静，能有效地排除一切干扰，能准确掌握实际情况。能如此，就能把握利害得失，抵御敌人。孙子讲将的修养有“智、信、仁、勇、严”（《孙子兵法·计篇》），苏洵也讲智与严，这些属于智慧与品德修养，但他认为镇定和沉静的心理素质更为重要。这就是“大将风度”。在战机到来之前，能以忍待勇，以静制动，不因小利小患暴露作战方略，以应付大利大患，能如此就可以“无敌于天下”。

思考寄语

古往今来，但凡贤者之辈，无不稳重，就如同太阳一般，遇到黑云与漆夜，也能拨开云雾见天日。俗话说性格决定命运，心态的不同，命运也是千差万别。如果一个人要想出人头地，就必须拥有临危不乱的心态，从气场上震慑敌人，在意志上永不服输，唯有如此，才能拥有逆天改命的机会。

14 大学（节选）

诵读主体

古之欲明明德于天下者，先治其国；欲治其国者，先齐其家；欲齐其家者，先修其身；欲修其身者，先正其心；欲正其心者，先诚其意；欲诚其意者，先致其知；致知在格物。物格而后知至，知至而后意诚，意诚而后心正，心正而后身修，身修而后家齐，家齐而后国治，国治而后天下平。

知人论世

《大学》是一篇论述儒家修身治国平天下思想的散文，原是《小戴礼记》第四十二篇，相传为曾子所作，实为秦汉时儒家作品，是一部中国古代讨论教育理论的重要著作。经北宋程颢、程颐竭力尊崇，南宋朱熹又作《大学章句》，最终和《中庸》《论语》《孟子》并称“四书”。宋、元以后，《大学》成为学校官定的教科书和科举考试的必读书，对中国古代教育产生了极大的影响。

阅读鉴赏

译文：

在古代，意欲将高尚的德行弘扬于天下的人，则先要治理好自己的国家；意欲治理好自己国家的人，则先要调整好自己的家庭；意欲调整好自己家庭的人，则先要修养好自身的品德；意欲修养好自身品德的人，则先要端正自己的心意；意欲端正自己心意的人，则先要使自己的意念真诚；意欲使自己意念真诚的人，则先要获取知识；获取知识的途径则在于探究事理。探究事理后才能获得正确认识，认识正确后才能意念真诚，意念真诚后才能端正心意，心意端正后才能修养好品德，品德修养好后才能调整好家族，家族调整好后才能治理好国家，国家治理好后才能使天下太平。

《大学》提出“欲明明德于天下者”，要经历格物、致知、诚意、正心、修身、齐家、治国、平天下八个环节（朱熹所称的《大学》“八条目”）。其中，修身以上，“格物、致知、诚意、正心”四者，专注于心性修养，属儒家的“内圣”之学；修身以下，“齐家、治国、平天下”，系君子之行为规范及治政之事，属儒家的“外王”之学，其意主要在彰明儒家“为政以德”的观念和“道德转化为政治”的思想。文章指出：“物有本末，事有终始，知所先后，则近道矣。”《大学》对“八条目”排列了次序，这主要不是规定实行中的时间先后的次序，而是确定“八条目”之间的关系。它指明了只有把家庭、封地管理得井井有条，才能获得经验，进而有资格治理国家；要治好家庭、封地，首先要以身作则，进行自我修养；要作自我修养就要端正思想，而不能只做表面文章，遵守外在的行为准则；端正思想就要做到真诚，心灵纯洁，排除种种私心杂念；而要意念诚实就要学习知识，提高认识，不至于陷入愚昧、偏执，避免盲目性；而掌握知识、提高认识能力，就要研究事物，以防被他人之说误导。《大学》全面地展示了同明明德和治国平天下相关的主要方面，深刻地揭示了它们之间的关系，使儒家学说形成了一个条理分明的思想体系。

思考寄语

修身齐家治国平天下，永远是一个渐进的过程。这个过程最终指向的都是至善从修身开始，要求人们谨遵仁义礼智信。同时要懂得仁爱、睿智和诚信给我们内心带来的滋养。这对我们建立和谐社会不无益处。

15 不食无主之梨（节选）

诵读主体

许衡尝暑中过河阳，渴甚，道有梨，众争取啖之，衡独危坐树下自若。或问之，曰："非其有而取之，不可也。"人曰："世乱，此无主。"曰："梨无主，吾心独无主乎？人所遗，一毫弗义弗受也……"

知人论世

文选自《元史·许衡传》，许衡，字仲平，学者称之鲁斋先生，出生于金卫绍王大安元年（宋宁宗嘉定二年、元太祖四年），即公元1209年5月8日，卒于公元1281年3月23日，祖籍怀州河内人（今河南省沁阳市），谥文正，封魏国公。他是中国13世纪杰出的思想家、教育家和天文历法学家。

阅读鉴赏

译文：

许衡曾经在夏天经过河阳，口渴极了，路边有梨树，大家争着摘梨吃，许衡独自端正地坐在树下和平常一样。有人问他为什么不吃，他说："不是属于我的东西却去拿，这是不对的。"别人说："世道这么乱，这些梨早没有主人了。"许衡说："梨没有主人，难道我的心也没有主人吗？别人丢失的东西，即使一丝一毫，如果不合乎道义也不能接受。"

故事虽简单，但寓意不凡。许衡面对"诱惑"，坚持本心，守住自己的道德底线。人类是占有欲很强的动物，因为私心，因为太多的不满足，因为世界上有太多的新鲜事物，因为人生充满了太多的诱惑。面对诱惑，有人选择随波逐流，同流合污，有人选择铁骨铮铮，保全人格。实际上，坚持原则更易安身立命，原则就是为人处世的一个底线。没有底线也就没有了做人的标尺，失去了标尺，前进就没有了目标，后退也就乱了方寸。人的轻举妄为、胡作非为、无效劳动、搬起石头砸自己的脚，以致自讨苦吃的种种行为，无不是没有标尺、丧失原则、乱了分寸、没有守住自己人生的底线而发生的结果。混乱的局势中，平日里约束、规范众人行为的制度在饥渴面前失去了效用。许衡因心中有“主”则能无动于衷，这个“主”就是自律。有了自律，才能在没有纪律约束的情况下牢牢把握住自己。

思考寄语

虽然梨可以无主，但是我们的心是不可以无主的，自律就是金子，自律的人才能创造更多更好的价值。做人要有自己的原则。为人处世，要有自己的道德标准，要抵挡得住诱惑，诚实待人。

16 好好先生

诵读主体

东汉司马徽不谈人短，与人语，美恶皆言好。有人问徽：“安否？”答曰：“好。”有人自陈子死，答曰：“大好。”妻责之曰：“人以君有德，故此相告，何闻人子死，反亦言好？”徽曰：“如卿之言，亦大好！”今人称“好好先生”，本此。

知人论世

选自《古今谭概》。冯梦龙（1574—1646），明代文学家、戏曲家，字犹龙，号顾曲散人，长洲（今江苏苏州）人。他出身士大夫家庭，与兄冯梦桂、弟冯梦熊并称“吴下三冯”。他的作品比较强调感情和行为，所辑话本《喻世明言》（又名《古今小说》《警世通言》《醒世恒言》（合称“三言”）是中国白话短篇小说的经典代表。冯梦龙以其对小说、戏曲、民歌、笑话等通俗文学的创作、搜集、整理、编辑，为我国文学做出了独特的贡献。

阅读鉴赏

译文：

东汉末年的司马徽从来不谈论别人的短处，与别人谈论，美丑都说“好”。有人问司马徽：“身体好吗？”他回答说：“好。”有人告诉他自己儿子的死讯，他回答说：“很好。”他太太责备他说：“人家是认为你有高尚的品德，才把儿子的死讯相告。哪有听说别人死了儿子，反而说很好的呢？”司马徽说：“像您刚才的话，也很好！”如今世人所称的“好好先生”一语，其出处就来源于此。

汉灵帝末年，群雄割据，有经邦济世之才的司马徽不愿施展才能为时所用，他缄默固守，甘愿陷居阳翟故里，躬耕度日。名士庞德公送号“水镜先生”。由于他从来不说别人的短处，别人跟他说话，不管好事坏事，他通通说好。李瀚《蒙求》诗曰：“司马称好。”所以后人又称他为“好好先生”。其才华始终未得施展，一生湮没不彰。在乱世中谋生存，用一种最平安的方式作为保护色——装糊涂，从来不说别人的短处，不管别人是好是歹，总是回答“好，很好”，于司马徽本人而言，这又何尝不是大智慧？

但在现实生活中，也有这样的人，他们谁也不敢得罪，对上毕恭毕敬，对下平易近人，左右逢源，不辨曲直。报喜不报忧，不求有功，但求无过，对大小问题得过且过，能混过去的就混，颇有“中庸”的境界。然而这样并不能给他赢得好人缘，时间一长，大家都会厌烦这种没有原则的人。别以为曲意逢迎能换来美好结果，无底线的宽容只会招致更多放肆。只有那些敢于释放攻击性，敢于建立原则和坚持底线的人，才能从人情世故中获得真正的解脱。

思考寄语

为人不可丧失原则，好就是好，不好就是不好。“好好先生”，其实并不一定好。你要有自己的原则，而且要让别人知道你的原则，只有这样，你才能让生活有秩序，才能按自己喜欢的方式过一生。

17 人生（节选）

诵读主体

节选一

巧玲在巧珍面前蹲下来，两只手捉住巧珍的手说："二姐，你说得对。我以后一定会经常去看你的。我从小就爱你，虽然你没上过学，但你想的事很多，我虽然上了学，但受了你不少好影响，否则，我的性格很倔，也不会像今天这样开展……二姐！你也不要过分想以往的事了。对待社会，我们常说要向前看，对一个人来说，也要向前看。生活总是这样，不能叫人处处都满意。但我们还要热情地活下去。人活一生，值得爱的东西很多，不要因为一个方面不满意，就灰心。比如说我吧，梦里都想上大学，但没考上，我就不活人了吗？我现在就好好教书，让村里的其他娃娃将来多考几个大学生，就是不能教书，回村劳动了，该怎样还要怎样哩……"

节选二

是的，现实是不能以个人的意志为转移的。谁如果要离开自己的现实，就等于离开地球。一个人应该有理想，甚至应该有幻想，但他千万不能抛开现实生活，去盲目追求实际上还不能得到的东西。尤其对于刚踏入生活道路的年轻人来说，这应该是一个最重要的认识。

可是，社会也不能回避自己的责任。我们应该真正廓清生活中无数不合理的东西，让阳光照亮生活的每一个角落；使那些正徘徊在十字路口的年轻人走向正轨，让他们的才能得到充分的发展，让他们的理想得以实现。祖国的未来属于年青的一代，祖国的未来也得指靠他们！

当然，作为青年人自己来说，重要的是正确对待理想和现实生活。哪怕你的追求是正当的，也不能通过邪门歪道去实现啊！而且一旦摔了跤，反过来会给人造成一种多大的痛苦；甚至能毁掉人的一生！

知人论世

详见本册《平凡的世界（节选）》的知人论世部分。

阅读鉴赏

在作者笔下，生存环境的悲苦不仅仅是生计问题，更有发展空间的种种限制。实际上，路遥作品中的主人公，其坚毅品格正是在不断追求发展的奋斗过程中日臻完美的。写苦难是为了写苦难中的人。苦难越深重，战胜苦难的人及其品行就越是难能可贵和令人敬佩。

人海沉浮，我们或许平平淡淡，或许轰轰烈烈地走完这一生，但是没有人会完美地走完这一生，毕竟不完美的人生才是真实的人生。人生怎么可能完美呢？顺顺利利地成功走完一生，不也是会怀有一种没有经历过失败的缺憾吗？高加林从农村出发，经历了一系列的起伏，最后又回到了农村，这就是路遥笔下的人生：我们不管经历多少的波折与苦难，最后都要回到原点。至于人生的岔路口到底该怎么选择，仁者见仁，智者见智，这从来都是一个没有标准答案的问题，因为不管选哪一条路，都会经历波折，都会有不完美，这才是人生的真正意义，你可以选择任何一条道路，但是人生的所有波澜都无法避免，该经历的一切从来都不会少。现实是很残酷的，它不会因为你的抱怨而有任何的改变。不努力，理想一定不会实现，只有努力，才有实现理想的希望。人生的路途坎坷，不必贪多，要的是过程，我们只要对自己的人生负责就足矣。一个人美梦成真的背后，是无数心酸的泪水和艰难困苦。

人生没有那么多如果，也没有理想中美满，它总是或多或少地让我们的现实与理想相背，一个人的性格与追求往往决定了他生活的大致轨迹。爱是什么？它有多大力量？生活又会给你这次选择一个什么答案？谁都不知道，能做的只有郑重地做好人生的每次抉择，做到不后悔。

思考寄语

人生需要有抱负和追求，但在逐步接近梦想时，所踏出的每步都需要不忘初心，这样才能在前行的岔路口坚定不移地选择方向。我们也很难所有事情都得其所愿，也许沿途有许多诱惑，但要尽可能地选择我们乐意去走且心甘情愿地接受结果的那个选择。

18 当欲游南山行（节选）

诵读主体

东海广且深，
由卑下百川。
五岳虽高大，
不逆垢与尘。

知人论世

详见本册《君子行》的知人论世部分。

阅读鉴赏

译文：

东海浩瀚且深不可测，因谦卑接受千百条河。尽管五岳个个巍峨，还是不拒绝微尘细末。

本诗从自然现象入手，开头四句：东海广阔而渊深，但由于它位置低注，仍能令千万江河下注；五岳虽然高大，却不拒绝渣滓与尘土落到它上面。江河入东海，垢尘落高山，这本是两种自然景观，却在诗人的笔下被社会化了，东海、五岳各以自己天赋的广深和高大，自愿地、主动地接纳清浊、大小各异的百川和细小、卑污的尘垢，使尘垢和百川有了归宿，成为大海和高山的构成部分而发挥了自己的作用。东海和五岳的谦卑成就了细流和微尘。

《易经》曰："谦谦君子，卑以自牧。"谦卑，就是对万事万物怀一颗敬畏之心，持一份包容情怀，行走在尘世中。谦卑的人更懂得尊重别人，对人恭敬其实是在庄严自己。谦卑的人，既会战略上举重若轻，也会战术上举轻若重；谦卑的人既会低到尘埃里，也会飞越尘埃之外，举千钧若扛一羽，怀天下若捧一芥，不浮躁，沉得下，有定力，有耐心，吞吐有大家气象，举止若钢刀利水，做人通透如玉，做事平和自然；谦卑的人深深知道天外有天，山外有山。

思考寄语

谦卑，就是对万事万物怀一颗敬畏之心，持一份包容情怀，行走在尘世中。谦卑的人更懂得尊重别人，对人恭敬其实是在庄严自己。谦卑可以让我们的内心更加纯净，更加柔软。这样，在面对变化的外界环境时，才不会心生恐惧。在低调做人的谦卑中，修炼自己，提升自己，在沉稳从容中，让所有的事情都可以迎刃而解。

19 曾国藩家训（节选）

诵读主体

战战兢兢，即生时不忘地狱；坦坦荡荡，虽逆境亦畅天怀。

天下古今之庸人，皆以一惰字致败；天下古今之才人，皆以一傲字致败。

丈夫当死中求生，祸中求福；古人因困而修德，穷而著书。

勤字功夫，第一贵早起，第二贵有恒；凡将相无种，圣贤豪杰无种，只要人肯立志，都可以做得到的。

沽虚誉于小人，不若听之于天。遗货财于子孙，不若周人之急。

做好人，做好官，做名将，俱要好师，好友，好榜样。

修身齐家，亦须以明强为本。

素食则气不浊；独宿则神不浊；默坐则心不浊；读书则口不浊。

人要为善，先要明善始得。

与多疑人共事，事必不成。与好利人共事，己必受累。

家俭则兴，人勤则健，能勤能俭，永不贫贱。

轻财足以聚人，律己足以服人，量宽足以得人，身先足以率人。

爵禄可以荣其身，而不可以荣其心。文章可以文其身，而不可以文其行。

君子之道，以知命为第一要务。

先静之，再思之，五六分把握即做之。

吾生平长进，全在受挫受辱之时。

知人论世

曾国藩（1811—1872），初名子城，字伯涵，号涤生，湖南湘乡人。官至两江总督、直隶总督、武英殿大学士，封一等毅勇侯，卒谥“文正”，被誉为传统中国最后一位“完人”。

他平内乱，倡洋务，与左宗棠、李鸿章、张之洞并称“晚清中兴四大名臣”。

他是桐城支脉湘乡古文派的宗师，编有《经史百家杂钞》，传世有《曾文正公全集》。

他家族兴旺，人才辈出。弟弟曾国荃官至两江总督。其子曾纪泽为清代著名外交家，曾担任驻俄公使，促成《中俄伊犁条约》，对新疆有很大功劳。另一子曾纪鸿为近代著名数学家。

阅读鉴赏

《曾国藩家训》深刻体现了曾国藩人生哲学的核心内涵，对人格修养、处事待物、执家之道等方面的经验进行了总结，对曾氏家族的思想行为有较大的影响。

人格修养方面，曾国藩提倡要严于自律，要勤恳，要持之以恒，要珍惜自己所拥有的，要谨慎，要知命，他认为挫折可以使自己长进，要正确地看待逆境，良好的人格修养也是他后来成功的重要因素之一。

处事待物方面，他提倡要排除干扰，认真谋划，在行动中不断地改进；他认为做好人、好官，需要有良师、益友、好榜样，要避免与多疑的人或好利的人一起共事，因为那样的结果只能是失败或者使自己受到连累；不要看重财富，要率先垂范，要务实，不能沽名钓誉。

执家之道，他提倡勤俭持家，据说平时曾国藩和家人的穿着同普通老百姓没有多大的差别，他的饮食也不是山珍海味，每顿饭就配一个菜。他重视“孝悌”，对长辈能做到感恩、孝敬，他和弟弟的关系非常密切。这些可能是曾氏家族在那个风云变幻时代保全繁荣的重要原因吧。

家训文字朴实，简单深刻，具有很强的可读性和实践性。

思考寄语

曾国藩是晚清名臣，对清王朝有力挽狂澜之功。他务实能干，在风云变幻的官场长久不衰，历史上人们对他的评价也是褒贬不一，但是大家都很欣赏他的家训，因为他的家训里蕴藏着深刻的人生哲理。从学习中我们懂得了良好的行为修养对于成功的重要性，所以要加强个人修养，培养正确的人生观，这样人才会离成功越来越近。而在向古人学习时，我们应该提高自己的判断力，真正做到“取其精华，去其糟粕”。

20 管晏列传（节选）

诵读主体

晏子为齐相，出，其御之妻从门间而窥其夫。其夫为相御，拥大盖，策驷马，意气扬扬，甚自得也。既而归，其妻请去。夫问其故。妻曰：“晏子长不满六尺，身相齐国，名显诸侯。今者妾观其出，志念深矣，常有以自下者。今子长八尺，乃为人仆御。然子之意自以为足，妾是以求去也。”其后，夫自抑损。晏子怪而问之，御以实对。晏子荐以为大夫。

知人论世

《史记》是西汉著名史学家司马迁撰写的中国历史上第一部纪传体通史，被列为“二十四史”之首，记载了上至上古传说中的黄帝时代，下至汉武帝太初四年间共3000多年的历史，与后来的《汉书》《后汉书》《三国志》合称“前四史”。

司马迁，字子长，夏阳（今陕西韩城南）人。西汉史学家、散文家。司马谈之子，任太史令，因替李陵败降之事辩解而受宫刑，后任中书令。发愤继续完成所著史籍，被后世尊称为史迁、太史公、历史之父。司马迁早年受学于孔安国、董仲舒，漫游各地，了解风俗，采集传闻。初任郎中，奉使西南。元封三年（前108）任太史令，继承父业，著述历史。

晏子（前578—前500），名婴，字仲，谥平，习惯上多称其为平仲。夷维（今山东省高密市）人，春秋时期著名政治家、思想家、外交家。

晏婴是齐国上大夫晏弱之子。齐灵公二十六年（前556）晏弱病死，晏婴继任为上大夫。历任齐灵公、庄公、景公三朝，辅政长达50余年。以有政治远见、外交才能和作风朴素闻名诸侯。晏婴聪颖机智，能言善辩。内辅国政，屡谏齐侯。对外他既富有灵活性，又坚持原则性，出使不受辱，捍卫了齐国的国格和国威。其思想和逸事典故多见于《晏子春秋》。

阅读鉴赏

晏子担任齐国之相时，有一天出去，车夫的妻子，从门缝里偷看她丈夫。她丈夫替国相驾车，坐在伞下，用鞭子抽打着车前的四匹马，趾高气昂，十分得意。车夫回来后，他妻子要求离婚，车夫问她是什么原因，妻子说："晏子身高不满六尺，身为齐相，名闻各国。今天，我看他出门，智谋深远，态度谦虚。现在看看你，身高八尺，却做人家的车夫，可是看你你的样子，好像还觉得很满足，我因此要求离婚。"从此之后，她丈夫处处收敛，谦卑多了。晏子觉得奇怪，就问他怎么回事，车夫据实相告，晏子就推荐他做大夫。

《管晏列传》是春秋时期齐国的管仲和晏子的合传，两人相隔百年，但都为杰出的政治家。晏子辅佐了三世齐王，在诸侯中很有名气。他自己能够严于律己，节俭力行，在工作中能灵活处理难题。司马迁曾赞美道："假令晏子而在，余虽为之执鞭，所忻慕焉。"节选部分是与晏子有关的故事。

作者选取典型的事例来表现人物的特点，做到了详略得当，重点突出。品读节选部分，我们能体会到太史公的惜墨如金，慨叹于他对人物形象的刻画能力之高。选文中三个人物都很有特点，文中的晏子、御者妻和御者都显现出自己的个性和睿智的思想。晏子对于御者的举荐是任人唯贤，通过御者的行为也衬托出晏子的谦恭；御者从原来的"意气扬扬，甚自得也"到后来的"夫自抑损"，做到了知错就改，确实也是难能可贵的；最令人惊奇的是御者妻对人的评价，对丈夫的劝诫，这些都表明她是一个奇女子，给读者留下了深刻的印象。这个故事表现了古人对于人格修养的重视，以德择人，用人唯贤，这是中华民族的优良传统。

思考寄语

文中三个人物都很有特点，我们不单能从晏子这样的名人身上，而且可以从普通人身上学到为人处世的智慧。晏子的选才，御者的知错能改，御者妻的评价，他们都是以品德作为标准。从古至今，我们提倡德才兼备，始终把品德修养放在第一位，因此，年轻的我们在自我修养时也应该以立德为先。

21 己所不欲，勿施于人

诵读主体

子贡问曰："有一言而可以终身行之者乎？"

子曰："其恕乎？己所不欲，勿施于人。"

知人论世

《论语》，是春秋时期思想家、教育家孔子的弟子及再传弟子记录孔子及其弟子言行而编成的语录文集，成书于战国前期。全书共20篇492章，以语录体为主，叙事体为辅，较为集中地体现了孔子及儒家学派的政治主张、伦理思想、道德观念及教育原则等。作品多为语录，但辞约义富，有些语句、篇章形象生动，其主要特点是语言简练，浅近易懂，而用意深远，有一种雍容和顺、纡徐含蓄的风格，能在简单的对话和行动中展示人物形象。

《论语》自宋代以后，被列为"四书"之一，成为古代学校官定教科书和科举考试必读书。

孔子（前551—前479），子姓，孔氏，名丘，字仲尼，祖籍宋国栗邑（今河南省商丘市夏邑县），生于春秋时期鲁国陬邑（今山东省曲阜市）。中国著名的思想家、教育家、政治家，与弟子周游列国十四年，晚年修订六经，即《诗》《书》《礼》《乐》《易》《春秋》。被联合国教科文组织评为“世界十大文化名人”之首。

端木赐（前520—前456），复姓端木，字子贡。儒商鼻祖，春秋末年卫国黎（今河南省鹤壁市浚县）人。孔子的得意门生，儒家杰出代表，孔门十哲之一，善于雄辩，且有干济才，办事通达，曾任鲁国、卫国的丞相。还善于经商，是孔子弟子中的首富。

“端木遗风”指子贡遗留下来的诚信经商的风气，成为民间信奉的财神。子贡善货殖，有“君子爱财，取之有道”之风，为后世商界所推崇。

《论语》中对其言行记录较多，《史记》对其评价颇高。子贡死后，唐开元二十七年（739）被追封为“黎侯”，宋大中祥符二年（1009）加封为“黎公”，明嘉靖九年（1530）改称“先贤端木子”。

阅读鉴赏

译文：

子贡问道：“有没有一个字可以终身奉行呢？”孔子说：“大概是‘恕’吧！自己不想要的，不要施加给别人。”

“恕”的外在表现是推己及人。三国时，吕布本来同刘备关系很好，后来两人有了矛盾，吕布就让名士袁涣写信责骂刘备，袁涣不愿意做这样的事。吕布要求他几次都没有用，就生气地把刀架在袁涣的脖子上说，如果再不写就杀了他。袁涣坦然而笑道：“我只听说以德羞人的，没有听说以辱骂折磨人的。如果说刘备是君子，就不会由于将军的辱骂而感到羞耻；如果他是小人，就一定会用同样的办法来回报你，那么辱骂就会落到你头上。而且，我说不准哪一天也会为刘备效力，也会像今天给将军效力一样。假若我一离开将军，就来辱骂你，行不行呢？”吕布听了以后，想想有道理也就作罢了。袁涣所表达的也就是“己所不欲，勿施于人”的道理。

“己所不欲，勿施于人”所反映的处理人际关系的原则，实质上是一种换位思考，是设身处地地关注他人的感受，体现了对他人的尊重与理解，体现了人与人之间的平等，这也是许多人在交往中所奉行的法则。如果把自己不欲的强加给别人，就会破坏与他人的融洽关系，就会把事情办糟。有一种看似相近的说法叫“己所欲，施于人”，但这句让人联想到“彼之蜜糖，吾之砒霜”，其含义与之大相径庭。如果只用自己的标准去要求他人，不能站在对方的角度上去思考，这是愚蠢的做法。

思考寄语

俗语说："大道至简。"子贡得到的能够终身奉行的行为准则就是如此，能用最朴素的道理来指导自己的行为，那么成功的概率就会大大提高。而对于"己所不欲，勿施于人"这个准则要根据不同的情况做出灵活处理：在有些情况下，把自己所"欲"施于人是好事，而在有些情况下，"己所不欲，勿施于人"会让人逆反，反而会产生不良的效果。

22 茅屋为秋风所破歌

诵读主体

八月秋高风怒号，卷我屋上三重茅。茅飞渡江洒江郊，高者挂罥长林梢，下者飘转沉塘坳。

南村群童欺我老无力，忍能对面为盗贼。公然抱茅入竹去，唇焦口燥呼不得，归来倚杖自叹息。

俄顷风定云墨色，秋天漠漠向昏黑。布衾多年冷似铁，娇儿恶卧踏里裂。床头屋漏无干处，雨脚如麻未断绝。自经丧乱少睡眠，长夜沾湿何由彻！

安得广厦千万间，大庇天下寒士俱欢颜！风雨不动安如山。呜呼！何时眼前突兀见此屋，吾庐独破受冻死亦足！

知人论世

杜甫（杜少陵，712—770），字子美，自号少陵野老，唐代现实主义诗人，与李白合称"李杜"，后人称他为"诗圣"，其诗被称为"诗史"。

杜甫少年时代曾先后游历吴越和齐赵，其间曾赴洛阳应举不第。三十五岁以后，先在长安应试，落第；后来向皇帝献赋，向贵人投赠。官场不得志，目睹了唐朝上层社会的奢靡与社会危机。天宝十四载（755），安史之乱爆发，潼关失守，杜甫先后辗转多地。乾元二年（759）杜甫弃官入川，虽然躲避了战乱，生活相对安定，但仍然心系苍生，胸怀国事。杜甫创作了《登高》《春望》《北征》以及“三吏”“三别”等名作。

杜甫的思想核心是仁政思想，他有“致君尧舜上，再使风俗淳”的宏伟抱负。杜甫虽然在世时名声并不显赫，但后来声名远播，对中国文学和日本文学都产生了深远的影响。杜甫共有约1 500首诗歌被保留了下来，大多集于《杜工部集》。

阅读鉴赏

八月秋深，狂风怒号，风卷走了我屋顶上好几层茅草。茅草乱飞，渡过浣花溪，散落在对岸江边。飞得高的茅草缠绕在高高的树梢上，飞得低的飘飘洒洒沉落到低洼的水塘里。

南村的一群儿童欺负我年老没力气，居然忍心在我眼前做出盗贼的事来，毫无顾忌地抱着茅草跑进竹林去了。我喊得唇焦口燥也没有用，只好回来，拄着拐杖感叹自己的不幸和世态悲凉。

一会儿风停了，天空中乌云黑得像墨，深秋天色阴沉迷蒙，渐渐黑下来。布被盖了多年，又冷又硬，像铁板似的，孩子睡相不好，胡蹬乱踢，把被子蹬破了。（因为）屋顶漏雨，床头都没有一点干的地方。像线条一样的雨点下个没完。自从战乱以来，唾眠的时间很少，长夜漫漫，屋漏床湿，怎能挨到天亮！

怎么才能得到千万间宽敞高大的房子，普遍地遮蔽天下贫寒的穷苦人（读书人），让他们个个都开颜欢笑！房子不为风雨所动摇，安稳得像山一样。唉！什么时候眼前出现这样高高的房屋，即使唯独我的茅屋被吹破，自己受冻而死也甘心！

《茅屋为秋风所破歌》是诗人杜甫旅居四川成都草堂期间创作的一首歌行体古诗。此诗叙述了作者的茅屋为秋风所破以致全家遭雨淋的痛苦经历，抒发了自己内心的感慨，体现了诗人忧国忧民的崇高思想境界，是杜甫诗中的典范之作。

作者在诗中巧妙地把记叙、议论和抒情有机融合。这首诗分为四个部分，第一部分五句是引子，是记叙的开端，交代茅屋在秋风下破败，引起了诗人的担忧。第二部分五句是故事的发展，面对着顽童的顽劣，诗人是无力和无奈的，只能眼睁睁地看着他们抱走屋顶的茅草。第三部分共八句，将故事推向了高潮，也为最后的议论和抒情奠定了坚实的基础，这一段叙述诗人遭遇了屋漏偏逢大雨的场景。最后一部分，我们仿佛看到了诗人在暴雨中的期盼和感叹，在前三部分的铺陈渲染下，作者把忧国忧民的情感尽情地表达了出来。千百年来，我们在感悟诗人“沉郁顿挫”的风格的同时，也一直被诗人崇高的理想打动着。

思考寄语

杜甫的诗被后世称为诗史，描述了那个时代真实的社会现状。杜甫虽满腹经纶，在仕途和生活中屡遭坎坷，生活窘迫。但他可谓“位卑不敢忘忧国”，在成都难得有暂时的安定，却又出现了茅屋为秋风所破的事情，接着屋漏偏遭阴雨，面对这样的困厄，诗人想到了天下所有与他有同样遭遇的寒士，希望他们都能免于饥寒，若果真有“广厦”，自己宁愿独受饥寒之苦，这种高尚的情操闪耀着诗人人格魅力的光芒。

23 孟子·滕文公章句下（节选）

诵读主体

景春曰：“公孙衍、张仪岂不诚大丈夫哉？一怒而诸侯惧，安居而天下熄。”

孟子曰：“是焉得为大丈夫乎？子未学礼乎？丈夫之冠也，父命之；女子之嫁也，母命之，往送之门，戒之曰：‘往之女家，必敬必戒，无违夫子！’以顺为正者，妾妇之道也。居天下之广居，立天下之正位，行天下之大道；得志，与民由之；不得志，独行其道。富贵不能淫，贫贱不能移，威武不能屈，此之谓大丈夫。”

知人论世

孟子（约前372—前289），名轲，字子舆，邹国（今山东邹城东南）人。战国时期哲学家、思想家、政治家、教育家，是孔子之后、荀子之前的儒家学派的代表人物，与孔子并称“孔孟”。

孟子宣扬“仁政”，最早提出“民贵君轻”思想，被韩愈列为先秦儒家继承孔子“道统”的人物，元朝追封其为“亚圣”。

孟子的言论著作收录于《孟子》一书。其中《鱼我所欲也》《得道多助，失道寡助》《寡人之于国也》《生于忧患，死于安乐》《富贵不能淫》等多篇入选教材。

阅读鉴赏

译文：

景春说：“公孙衍和张仪难道不是真正的大丈夫吗？发起怒来，诸侯们都会害怕；安静下来，天下就会平安无事。”

孟子说：“这个怎么能够叫大丈夫呢？你没有学过礼吗？男子举行加冠礼的时候，父亲给予训导；女子出嫁的时候，母亲给予训导，送她到门口，告诫她说：‘到了你丈夫家里，一定要恭敬，一定要谨慎，不要违背你的丈夫！’以顺从为原则，是妾妇之道。至于大丈夫，则应该住在天下最宽广的住宅里，站在天下最正确的位置上，走在天下最光明的大道上。得志的时候，便与老百姓一同前进；不得志的时候，便独自坚持自己的原则。富贵不能使我骄奢淫逸，贫贱不能使我改移节操，威武不能使我屈服意志。这样才叫作大丈夫！”

这里景春所提到的“公孙衍”和“张仪”都是纵横家的代表，是在战国时能左右时局的人物。文中所提的“广居、正位、大道”的意思，宋代的朱熹注释为：广居，仁也；正位，礼也；大道，义也。孟子用妾妇之道和景春论辩大丈夫之道是含蓄而幽默的挖苦，最后提出了大家都熟知的千古名句：“富贵不能淫，贫贱不能移，威武不能屈。”大丈夫无论在什么境遇中，都要坚持“仁义礼”，做到“穷则独善其身，达则兼济天下”。在辩论中，孟子先驳斥景春的错误观点，再阐述大丈夫的标准，如剥洋葱，层层递进，水到渠成。

思考寄语

如何才能称得上是大丈夫？孟子认为是“富贵不能淫，贫贱不能移，威武不能屈”，能做到“穷则独善其身，达到兼善天下”。现实生活中，我们也要做到无论处于何种境遇，都能不随便改变自己的初心，都能坚守自己的理想与原则，那就一定会有益于人民、社会和时代，成为今天的“大丈夫”。

致福成义　礼达四方

1 水龙吟·登建康赏心亭

诵读主体

楚天千里清秋，水随天去秋无际。遥岑远目，献愁供恨，玉簪螺髻。落日楼头，断鸿声里，江南游子。把吴钩看了，栏杆拍遍，无人会、登临意。

休说鲈鱼堪脍，尽西风，季鹰归未？求田问舍，怕应羞见，刘郎才气。可惜流年，忧愁风雨，树犹如此！倩何人唤取，红巾翠袖，揾英雄泪！

知人论世

辛弃疾（1140—1207），南宋词人。原字幼安，号稼轩居士。历城（今山东济南）人。一生都在抗金御敌，统一中原。其词现存620余首。多数抒写力图恢复国家统一的爱国热情，倾诉壮志难酬的悲愤。这首词作于乾道四年至六年（1168—1170）建康通判任上。这时作者已南归八九年，却投闲置散，不得一遂报国之愿。值此登临周览之际，一抒郁结心头的悲愤之情。

阅读鉴赏

这首词，上片大段写景：由水写到山，由无情之景写到有情之景，很有层次。开头两句“楚天千里清秋，水随天去秋无际”，是作者在赏心亭上所见的江景。楚天千里，辽远空阔，秋色无边无际。大江流向天边，也不知何处是它的尽头。写得气象阔大，笔力遒劲。下面“遥岑远目，献愁供恨，玉簪螺髻”三句是写山。“遥岑”即远山。放眼望去，那一层层、一叠叠的远山，有的很像美人头上插戴的玉簪，有的很像美人头上螺旋形的发髻，可是这些都只能引起词人的忧愁和愤恨。人心中有愁有恨，所见之远山也似乎在“献愁供恨”。这是移情及物的手法。至于愁恨为何，又何因而至，词中没有正面交代，但结合登临时的情景，可以意会得到：北望是江淮前线，效力无由；再远即中原旧疆，收复无日；南望则江山虽好，无奈仅存半壁；朝廷主和，志士不得其位，即思进取，也限于国力。以上种种，是恨之深者，愁之大者。借言远山之献供，一写内心的担负，而总束在此片结句“登临意”三字内。开头两句，是纯粹写景，至“献愁供恨”三句，已进了一步，点出“愁”“恨”两字，由纯粹写景而开始抒情，由客观而及主观，感情也由平淡而渐趋强烈。

“落日楼头”一句意思说，夕阳快要西沉，孤雁的声声哀鸣不时传到赏心亭上，更加引起了作者对远在北方的故乡的思念。他看着腰间空自佩戴的宝刀，悲愤地拍打着亭子上的栏杆，可是又有谁能领会他这时的心情呢？这里“落日楼头，断鸿声里，江南游子”三句，虽然仍是写景，但同时也是喻情。落日本是自然景物，辛弃疾用“落日”二字，含有比喻南宋国势衰颓的意思。“断鸿”，是失群的孤雁，比喻自己飘零的身世和孤寂的心境。“游子”，指自己。辛弃疾渡江淮归南宋，原是以宋朝为自己的故国，以江南为自己的家乡的。可是南宋统治集团不把辛弃疾看作自己人，对他一直采取猜忌排挤的态度，致使辛弃疾觉得他在江南真的成了游子。“把吴钩看了，栏干拍遍，无人会、登临意”三句，是直抒胸臆，但作者不是直接用语言来渲染，而是选用具有典型意义的动作，淋漓尽致地抒发自己报国无路、壮志难酬的悲愤之情。“吴钩”，本是战场上杀敌的锐利武器，但现在却闲置身旁，无处用武，这就把作者虽有沙场立功的雄心壮志，却英雄无用武之地的苦闷也烘托了出来。“栏干拍遍”表示借拍打栏干来发泄胸中那说不出来的抑郁苦闷之气，用在这里，就把作者雄心壮志无处施展的急切悲愤的情态宛然显现在读者面前。另外，“把吴钩看了，栏干拍遍”，除了典型的动作描写外，还采用了运密入疏的手法，把强烈的思想感情寓于平淡的笔墨之中，内涵非常丰厚，十分耐人寻味。“无人会、登临意”，慨叹自己空有恢复中原的抱负，而南宋统治集团中没有人是他的知音。

上片写景抒情，下片则是直接言志。“休说鲈鱼堪脍，尽西风，季鹰归未？”尽管西风起来了，但季鹰归来没有呢？这里引用了一个典故：晋朝人张翰（字季鹰），在洛阳做官，见秋风起，想到家乡苏州味美的鲈鱼，便弃官回乡（见《晋书·张翰传》）。现在深秋时令又到了，连大雁都知道寻踪飞回旧地，何况我这个漂泊江南的游子呢？然而自己的家乡如今还在金人的统治之下，想回去也回去不了！“尽西风，季鹰归未？”既写了有家难归的乡思，又抒发了对金人、对南宋朝廷的激愤。“求田问舍，怕应羞见，刘郎才气”，“求田问舍”就是买地置屋。“刘郎”，指三国时刘备，这里泛指有大志之人。这也用了一个典故：三国时许汜看望陈登，陈登对他很冷淡，独自睡在大床上，叫他睡下床。后来许汜把这事告诉了刘备，刘备说：天下大乱，你忘怀国事，求田问舍，陈登当然瞧不起你。如果碰上我，我将睡在百尺高楼，叫你睡地下，岂止相差上下床呢？（见《三国志·陈登传》）这二层的大意是说，既不学为吃鲈鱼脍而还乡的张季鹰，也不学求田问舍的许汜。“怕应羞见”的“怕应”二字，是辛弃疾为许汜设想，表示怀疑：像你（指许汜）那样的琐屑小人，自己有何面目去见像刘备那样的英雄人物。

“可惜流年，忧愁风雨，树犹如此”，是第三层意思。“流年”，即年光如流；“风雨”，指国家在风雨飘摇之中，“树犹如此”也有一个典故：据《世说新语·言语》，桓温北征，经过金城，见自己过去种的柳树已长到几围粗，便感叹地说：“木犹如此，人何以堪？”（树已长得这么高大了，人怎么能不老大呢！）这三句词包含的意思是：我所忧惧的，只是国事飘摇，时光流逝，北伐无期，恢复中原的夙愿不能实现，辜负了平生的雄心壮志，如此而已。这三句，是全首词的核心。到这里，作者的感情经过层层推进已经发展到最高点。下面就自然地过渡到词的结尾了，也就是第四层意思：“倩何人唤取，红巾翠袖，揾英雄泪。”这三句写辛弃疾自伤抱负不能实现，时无知己，得不到同情与慰藉的悲叹，亦与上片“无人会、登临意”相呼应。

这首词，是辛词名作之一，它不仅对辛弃疾生活的那个时代的矛盾有所反映，有比较深厚的现实内容，而且运用圆熟精到的艺术手法把内容完美地表达出来，直到今天仍然具有极其强烈的感染力量，使人们百读不厌。

思考寄语

辛弃疾这个人，词人本色是武人，武人本色是政人。他由武而文，又由文而政，始终在出世与入世间矛盾，在被用或被弃中受煎熬。对国家民族他有一颗放不下、关不住、比天大、比火热的心；他有一身早练就、憋不住、使不完的劲。他不计较“五斗米折腰”，也不怕谗言倾盆。在诵读中，我们要用心体会辛弃疾的不论境遇如何仍矢志不渝的爱国之情。

2 闻官军收河南河北

诵读主体

剑外忽传收蓟北，初闻涕泪满衣裳。
却看妻子愁何在，漫卷诗书喜欲狂。
白首放歌须纵酒，青春作伴好还乡。
即从巴峡穿巫峡，便下襄阳向洛阳。

知人论世

杜甫（712—770），字子美，河南巩县（今河南巩义）人。中国古代伟大的诗人，有“诗圣”之誉，与李白并称“李杜”。唐肃宗时期，曾任左拾遗、检校工部员外郎等职。晚年漂泊荆湘，客死舟中。他一生坎坷，却忧国忧民。其诗歌艺术堪称集汉魏至盛唐诗歌之大成。

这首诗，作于唐代宗广德元年（763）春天，作者杜甫52岁。宝应元年（762）冬季，唐军在洛阳附近的横水打了一个大胜仗，收复了洛阳和郑（今河南郑州）、汴（今河南开封）等州，叛军头领薛嵩、张忠志等纷纷投降。第二年，即广德元年正月，史思明的儿子史朝义兵败自缢，其部将田承嗣、李怀仙等相继投降。正流寓梓州（治所在今四川三台）、过着漂泊生活的杜甫听到这个消息后，以饱含激情的笔墨，写下了这篇脍炙人口的名作。

阅读鉴赏

第一联，“剑外忽传收蓟北”，起势迅猛，恰切地表现了捷报的突然。“剑外”乃诗人所在之地，“蓟北”乃安史叛军的老巢，在今河北东北部一带。诗人多年漂泊“剑外”，艰苦备尝，想回故乡而不可能，就因为“蓟北”未收，安史之乱未平。如今“忽传收蓟北”，真如春雷乍响，山洪突发，惊喜的洪流一下子冲开了诗人郁积已久的情感闸门，喷薄而出，涛翻浪涌。“初闻涕泪满衣裳”，就是这惊喜的情感洪流涌起的第一个浪头。“初闻”紧承“忽传”。“忽传”表现捷报来得太突然，“涕泪满衣裳”则以形传神，表现突然传来的捷报在“初闻”的一刹那所激发的感情波涛，这是喜极而悲、悲喜交集的逼真表现。“蓟北”已收，战乱将息，乾坤疮痍、黎元疾苦，都将得到疗救，个人颠沛流离、感时恨别的苦日子，总算熬过来了，怎能不喜？！然而痛定思痛，回想八年来的重重苦难是怎样熬过来的，又不禁悲从中来，无法压抑。可是，这一场浩劫，终于像噩梦一般过去了，自己可以返回故乡了，人们将开始新的生活，于是又转悲为喜，喜不自胜。这“初闻”捷报之时的心理变化、复杂感情，如果用散文的写法，必将需要很多笔墨，而诗人只用“涕泪满衣裳”五个字形象地描绘，就足以概括这一切。

第二联以转作承，落脚于“喜欲狂”，这是惊喜的情感洪流涌起的更高洪峰。“却看妻子”“漫卷诗书”，这是两个连续性的动作，带有一定的因果关系。当自己悲喜交集，“涕泪满衣裳”之时，自然想到多年来同受苦难的妻子儿女。“却看”就是“回头看”，这个动作极富意蕴，诗人似乎想向家人说些什么，但又不知从何说起。其实，无须说什么了，多年笼罩全家的愁云不知跑到哪儿去了，亲人们都不再愁眉苦脸，而是笑逐颜开、喜气洋洋。亲人喜的反转增加了自己的喜，再也无心伏案，随手卷起诗书，大家同享胜利的欢乐。

第三联，“白首放歌须纵酒，青春作伴好还乡”，就“喜欲狂”作进一步抒写。“白首”点出人已到了老年。老年人难得“放歌”，也不宜“纵酒”；如今既要“放歌”，还须“纵酒”，正是“喜欲狂”的具体表现。这句写“狂”态，下句则写“狂”想。“青春”指春季，春天已经来临，在鸟语花香中与妻子儿女们“作伴”，正好“还乡”。想到这里，又怎能不“喜欲狂”？！

尾联写“青春作伴好还乡”的狂想鼓翼而飞，身在梓州，而弹指之间，心已回到故乡。惊喜的感情洪流于洪峰迭起之后卷起连天高潮，全诗也至此结束。这一联，包含四个地名。“巴峡”与“巫峡”，“襄阳”与“洛阳”，既各自对偶，又前后对偶，形成工整的地名对；而用“即从”“便下”绾合，两句紧连，一气呵成，又是活泼流走的流水对。再加上“穿”“向”的动态与两“峡”两“阳”的重复，文势、音调，迅疾有如闪电，准确地表现了想象的飞驰。试想，“巴峡”“巫峡”“襄阳”“洛阳”，这四个地方之间有多么漫长的距离，而用“即从”“穿”“便下”“向”贯串起来，就出现了疾速飞驰的画面，一个接一个地从眼前一闪而过。这里需要指出的是，诗人既展示想象，又描绘实境：从“巴峡”到“巫峡”，峡险而窄，舟行如梭，所以用“穿”；出“巫峡”到“襄阳”，顺流疾驶，所以用“下”；从“襄阳”到“洛阳”，已换陆路，所以用“向”，用字高度准确。

思考寄语

杜甫于此诗下自注："余田园在东京。"诗的主题是抒写忽闻叛乱已平的捷报，急于奔回老家的喜悦。诵读时，体会杜甫忽闻胜利消息之后的惊喜之情，万斛泉源，自出胸臆，奔涌直泻。

3 喜见外弟又言别

诵读主体

十年离乱后，长大一相逢。
问姓惊初见，称名忆旧容。
别来沧海事，语罢暮天钟。
明日巴陵道，秋山又几重。

知人论世

李益（746—829），字君虞，陇西姑臧（今甘肃武威）人，后迁河南洛阳，唐代诗人。

大历四年（769）进士，初任郑县尉，久不得升迁，建中四年（783）登书判拔萃科。初因仕途失意，后弃官在燕赵一带漫游。后官至幽州营田副使、检校吏部员外郎，迁检校考功郎中，加御史中丞，为右散骑常侍。太和初，以礼部尚书致仕。

这首诗艺术地再现了诗人同表弟（外弟）久别重逢又匆匆话别的情景。在以人生聚散为题材的小诗中，它历来引人注目。

阅读鉴赏

首联“十年离乱后，长大一相逢”，开门见山，介绍二人相逢的背景。这里有三层意思：一是指出离别已有十年之久。二是说明这是社会动乱中的离别，使人想起发生于李益八岁到十六岁时的安史之乱及其后的藩镇混战、外族入侵等战乱。三是说二人分手于幼年，“长大”才会面，这意味着双方的容貌已有极大变化。他们长期音信相隔，存亡未卜，突然相逢，颇出意外。句中“一”字，表现出这次重逢的戏剧性。

颔联“问姓惊初见，称名忆旧容”，正面描写重逢。他们的重逢，同司空曙所描写的“乍见翻疑梦，相悲各问年”中的情景显然不同。互相记忆犹新才可能“疑梦”，而李益和表弟却已经对面不能相认了。看来，他们是邂逅。诗人抓住“初见”这一瞬间，作了生动的描绘。面对陌生人，诗人客气地询问：“贵姓？”不由得暗自惊讶，对一个似未谋面者的身份和来意感到惊讶。下句“称名”和“忆旧容”的主语，都是作者。经过初步交谈，诗人恍然大悟，面前的“陌生人”原来是十年前还在一起嬉戏的表弟。诗人一边激动地称呼表弟的名字，一边端详对方的容貌，努力搜索记忆中关于表弟的印象。想来，他当时可能还曾说：你比从前……诗人从生活出发，抓住了典型的细节，从“问”到“称”，从“惊”到“忆”，层次清晰地写出了由初见不识到交谈相认的神情变化，绘声绘色，细腻传神。而至亲重逢的深挚情谊，也自然地从描述中流露出来，不需外加抒情的笔墨，已经为读者所领悟了。

十年阔别，一朝相遇，该有多少话语要说！颈联“别来沧海事，语罢暮天钟”，表现了这倾诉别情的场面。分手以来千头万绪的往事，诗人用“沧海事”一语加以概括。这里化用了沧海桑田的典故，突出了十年间个人、亲友、社会的种种变化，同时也透露了作者对社会动乱的无限感慨。两人热烈地交谈，从白天到日暮才停下话音。叙谈时间之长，正表明他们情谊的深长。“暮天钟”并不是单纯作为日暮的标志而出现的，还表明二人叙谈得十分入神，以致顾不上观望天色的变化，也感觉不到时间的流逝，只有远处传来的寺院钟声，才使他们意识到原来已是黄昏。作者在这一联，避实就虚，择取了叙旧时间很长这个侧面，表现出二人欢聚时的热烈气氛和激动心情。

前六句，从久别，到重逢，到叙旧，写“喜见”，突出了一个“喜”字；七、八句转入“言别”。作者没有使用“离别”的字样，而是想象出一幅表弟登程远去的画图：“明日巴陵道，秋山又几重。”“明日”，点出聚散匆匆。“巴陵道”，即通往巴陵郡（今湖南岳阳）的道路，把新的别离，形象地展现在读者面前。用“秋”形容“山”，于点明时令的同时，又隐蕴着作者伤别的情怀。不是从宋玉开始，就把秋天同悲伤联系在一起了吗？“几重”而冠以“又”字，同首句的“十年离乱”相呼应，使后会难期的惆怅心情溢于言表。

思考寄语

这首诗不以奇特警俗取胜，而以朴素自然见长。诗中的情景和细节，似人人曾经历过的，这就使人们读起来感觉十分亲切。诗用凝练的语言，白描的手法，生动的细节，典型的场景，层次分明地再现了社会动乱中人生聚散的独特一幕。诵读时，体会李益真挚的至亲情谊和深重的动乱之感。

4 诗经·鄘风·相鼠

诵读主体

相鼠有皮，人而无仪。人而无仪，不死何为？
相鼠有齿，人而无止。人而无止，不死何俟？
相鼠有体，人而无礼。人而无礼，胡不遄死？

知人论世

《诗经》是我国第一部诗歌总集，被认为是中国古典文学的源头，其现实主义的创作手法和多样化的文字风格，对后世文学产生了深远的影响。《诗经》中的诗歌大体产生于西周初期至春秋中期，距今约有2500年的历史，它描写了纯美的爱情，反映了当时人们的生产生活状况，也揭露了封建贵族的荒淫腐朽，控诉了统治阶级对劳动人民的剥削压迫，是反映当时社会生活的一面镜子。

《诗经》现存305篇，又称《诗三百》。按内容可分为“风”“雅”“颂”三部分。其中“风”是地方民歌，有十五国风，共160篇；“雅”多是朝廷乐歌，分为大雅和小雅，共105篇；“颂”主要是宗庙乐歌，有40篇。《诗经》表现手法主要是

“赋”“比”“兴”，其中“赋”和“比”是诗歌的基本表现手法，但“兴”是中国诗歌中比较独特的艺术手法，对于诗歌中气氛的渲染和意境的创造都起着重要的作用。

《诗经》中最具有人民性的部分是《国风》中的大部分作品和《小雅》中保存的民间创作作品。《鄘风》是鄘地华夏族民歌，为“十五国风”之一，共十篇，多数是东周时期作品，其中有表现深厚爱国主义思想的《鄘风·载驰》，有揭露和讽刺统治者的《鄘风·墙有茨》《鄘风·相鼠》，也有表达对美好爱情追求的《鄘风·桑中》。这些诗题材广泛，感情强烈，语言活泼，是中国诗歌中的精华。

阅读鉴赏

译文：

老鼠尚且有毛皮，人却丝毫没礼仪。人若是不讲礼仪，为什么还不去死？老鼠尚且有牙齿，人却是不知廉耻。人若是不知廉耻，不死还等什么呢？老鼠尚且有肢体，人却是不懂礼教。人若是不懂礼教，为何不赶快死掉？

这首诗是对丧失廉耻、贪得无厌的统治者的痛骂，说他们连老鼠都不如，表达了百姓对他们的痛恨。诗分三章，每章开篇均以鼠起兴，意思虽然差不多，却各有侧重：第一章“无仪”，指的是外表；第二章“无止（耻）”，指的是内心；第三章“无礼”，指的是行为。这样反复类比，层层递进，写出了统治者没有信义，不节约，也不知道礼仪。全诗文字生动形象，语言充满了尖锐的讽刺意味，在讽刺咒骂统治者的同时也反映了当时人们对礼仪的重视和推崇。

礼是中华文化的核心，也是中华文明的标志。在日常生活中，仪容仪表、言谈举止是一个人修养、教养、涵养的体现，因此，我们要学会自信与微笑，文明处事、礼貌待人，这也是我们走向成功的起点。

思考寄语

《诗经》的内容极其丰富多彩，让我们不仅对当时社会的政治、经济、思想、文化、礼俗等各个方面有了一定的了解，还可以陶冶道德情操，提升人生品位。学习《诗经》最好的方法就是熟练地阅读，在吟咏的过程中慢慢领悟，细细品味那种跨越千年的美感，汲取古老文明中所蕴含的智慧和力量。

5 礼记·经解（节选）

诵读主体

礼之于正国也，犹衡之于轻重也，绳墨之于曲直也，规矩之于方圜也。故衡诚县，不可欺以轻重；绳墨诚陈，不可欺以曲直；规矩诚设，不可欺以方圆；君子审礼，不可诬以奸诈。是故隆礼由礼，谓之有方之士；不隆礼、不由礼，谓之无方之民。敬让之道也。故以奉宗庙则敬，以入朝廷则贵贱有位，以处室家则父子亲、兄弟和，以处乡里则长幼有序。孔子曰：“安上治民，莫善于礼。”此之谓也。

知人论世

《礼记》与《周礼》《仪礼》合称“三礼”，是我国最早记载古代礼制的著名典籍，也是后世制礼的典范。其中《周礼》主要记载一些典章制度，《仪礼》主要记载人们在行为规范方面的一些规定，《礼记》则带有阐释性，主要从诸多方面具体说明和解释古礼。《礼记》为西汉礼学家戴圣所编，共20卷49篇，书中内容主要写先秦的礼制，书中所记载的古代文化史知识及思想学说，对儒家文化传承、当代文化教育和德行教养，以及社会主义和谐社会建设有重要影响。

《经解》是《礼记》中的第26篇，是中国学术史上第一篇剖析经书得失的文章。文章主要涉及三个方面的内容：先总述《诗》《书》《礼》《乐》《易》《春秋》等六经宗旨，中间言及天子之德，最后谈到“礼”对于国家教化的重要意义和功用，并提出了“安上治民，莫善于礼”的以礼治国的口号。

阅读鉴赏

译文：

用礼来治理国家，犹如用秤来称轻重，用绳墨来量曲直，用规画圆。因此把秤悬起，是轻是重就不可骗人了。把墨线拉扯起来，是曲是直就瞒不了人了。把规矩认真用上，是圆是方就没有假。君子认真地审慎、运用礼，就叫有道之士；不重视礼，不实行礼，就叫无道之人。礼就是使人遵循恭敬辞让的道德，因此依礼祭祀宗庙就恭敬，依礼进入朝廷根据贵贱不同的官职就各得其位，依礼治家就会父子相亲、兄弟和睦，依礼治乡里就长幼各安其分。孔子说："要安定统治地位，治理民众，没有比礼更好的了。"说的就是这个意思。

本文重点强调的是礼在国家治理方面的作用。礼是国家稳定和社会和谐的重要因素，因此古代社会制定了严格的礼来区别宗法远近、等级秩序。同时，我们的祖先很早就认识到，治国理政、待人接物、为人处世，都要有个规矩，无规矩不成方圆，而礼、义、廉、耻、孝、悌、忠、信就是规矩。从小有了规矩，长大后就会遵守国法条禁、崇礼重德。

思考寄语

我们读《礼记》，主要是吸收书中的传统礼仪文化精髓，了解儒家理想中要构建的天下为公的和谐、大同社会。崇尚和谐不仅是传统文化的重要内涵，也是现代社会的主要使命。我们要努力学习和实践具体的礼仪规范，养成良好的文明习惯，提高个人修养，为构建和谐社会做出自己的贡献。

6 礼记·射义（节选）

诵读主体

古者诸侯之射也，必先行燕礼；卿、大夫、士之射也，必先行乡饮酒之礼。故燕礼者，所以明君臣之义也；乡饮酒之礼者，所以明长幼之序也。

故射者，进退周还必中礼，内志正，外体直，然后持弓矢审固；持弓矢审固，然后可以言中，此可以观德行矣。

知人论世

《礼记》为西汉礼学家戴圣所编，共20卷49篇。内容主要分为以下几类：第一类为通论礼意或学术的篇章，如《学记》《经解》等；第二类为专释《仪礼》的篇章，如《冠义》《射义》等；第三类为记载孔子师生言行及时人杂事的篇章，如《曾子问》《仲尼燕居》等；第四类为记载古代制度礼节而带有考证性质的篇章，如《曲礼》《月令》等。

《礼记》全书用散文写成，有的用短小生动的故事阐明某一道理，有的气势磅礴、结构谨严，有的言简意赅、意味隽永，有的擅长心理描写和刻画，书中还收有大量富有哲理的格言、警句，精辟而深刻。《礼记》与《仪礼》《周礼》合称“三礼”，是中国古代礼乐文化的理论形态，对中国后世的政治制度、文化传统、社会思想、伦理观念影响深远。

《射义》是《礼记》中的第46篇，文章主要包含两方面的内容，一是阐明射礼的重要性，说明射可以观德，因而有礼教功能、选拔功能和政治功能。二是阐释举行射礼时各种仪式的意义。

阅读鉴赏

译文：

古代诸侯举办射礼，必定要先举行燕礼；卿、大夫、士举行射礼，必定要先举行乡饮酒之礼。之所以先举行燕礼，是为了明确君臣的名分；之所以先举行乡饮酒之礼，是为了明确长幼的顺序。

因此射箭的人，不管前进还是后退，左旋还是右转，动作必定要符合规矩。从内心来说，沉着冷静；从表面来说，身体挺直；然后才能够把弓箭拿得紧、瞄得准；把弓箭拿得紧、瞄得准，然后才能够指望射中。因此，从人的外部射箭动作就能够看出他的内在德行。

本文中提出“所以明君臣之义”“所以明长幼之序”，符合周礼对于长幼尊卑、君臣父子关系间差别的推崇。射礼能够使人各自安于父子君臣之位，各安其分，各尽其责，按照道德礼仪去做，达到明白“君臣之义”和“长幼之序”，具有较强的社会教育功能。“内志正，外体直”，强调了射箭者内心要正直不阿、志向远大，外在表现要合乎礼仪。“此可以观德行矣”，则指出其他人可通过射箭者的表现看出他的德行优劣，这不仅仅是射箭的礼仪，更多的是“观其内心”。

思考寄语

在社会生活中，人们常常把礼仪看作一个民族精神面貌和凝聚力的体现，对个人而言，礼仪则是衡量其道德水准高低和有无教养的尺度。源远流长的礼仪文化是先人留给我们的宝贵财富，在社会进步和时代发展的今天，我们该如何继承礼仪文化的优良传统，并将之发扬光大，是我们学习和实践礼仪文化的意义所在。

7 素书释解·原始章第一（节选）

诵读主体

礼者，人之所履，夙兴夜寐，以成人伦之序。

注曰：礼，履也。朝夕之所履践而不失其序者，皆礼也。言、动、视、听，造次必于是，放、僻、邪、侈，从何而生乎？

王氏曰："大抵事君奉亲，必当进退承应，内外尊卑，须要谦让恭敬。侍奉之礼，昼夜勿怠，可成人伦之序。"

知人论世

《素书》相传为秦末黄石公所作。民间视为奇书、天书。《素书》是以道家思想为宗旨，集儒、法、兵的思想发挥道的作用及功能，同时以道、德、仁、义、礼为立身治国的根本，揆度宇宙万物自然运化的理数，以此认识事物、对应事物、处理事物的智能之作。传说黄石公三试张良，而后把此书授予张良，张良凭借此书，助刘邦定江山。

《素书》仅有六章130句1360字，这样一本薄薄的书，却在中国谋略史上占据重要地位。书中语言高度精练，字字珠玑，句句名言。书中对人性的把握精准独到，对事物变化观察入微，谋略点恰到好处。参透书中道理，肯定能干出一番惊天动地的事业来。

《原始章第一》是全书总纲，阐述道、德、仁、义、礼是立身、成名的根本所在，是古人日常修养的五个具体标准。历史上许多卓有建树的人，正是依靠这五方面的严格要求和自我修炼，才得以成就人生的高度。就一个民族而言，只有民族中大多数人都在追求精神的自我完善，这个民族才可能繁盛昌达。

阅读鉴赏

译文：

所谓礼，就是人们所身体力行的。在日常生活中，树立起人伦秩序。

张商英注：礼，就是身体力行。人们从早到晚所身体力行而不丧失的秩序，都是礼仪。人的一言一行、一看一听，如果都完全遵循这些礼仪规范，那么，放荡邪僻、邪恶奢侈的现象又从哪里产生呢！

王氏批注：大体而言，服侍君王侍奉父母，应当时刻恭候应承而或进或退。家里家外、长辈晚辈的应承上应该谦虚礼让、恭敬尊重，躬行这样的侍奉礼仪，一刻都不懈怠，就可以形成人伦秩序。

本文采用《素书》原著，并加上宋代宰相张商英的注和清代王氏的点评，阐述了"没有规矩，不成方圆"的道理。一个人如果不讲礼，不明礼，就不是一个成熟的人；一个社会如果失去了礼的约束和规范，就会陷入秩序的混乱和精神的迷失。在一个国家中，如果人人都能按照人伦道德规范去做，就可以从根本上杜绝放荡怪僻、邪恶腐败的不良现象。所以，规矩、法则、制度是社会繁荣的根本。

思考寄语

我们每个人从懵懂到成长，不论是在家里还是在社会中，一言一行都要涉及礼仪。大到国家、社会的集体活动，小到个人的饮食起居，都必须遵循一定的礼仪规范。家人和朋友之间再亲密无间，也需要有一定的礼数，以避免矛盾的产生；上下级间多一些礼数，也能形成一种融洽的工作氛围，使工作顺利进行。

8 伯禽趋跪

诵读主体

周，伯禽随康叔三见周公。三被笞。以问商子。曰："南山之阳有桥木，北山之阴有梓木。盍往观？"伯禽见桥高而仰，梓卑而俯，还告商子，曰："桥者父道。梓者子道。"明日，伯禽入门而趋，登堂而跪，周公嘉其得君子之教。

周公制礼，实开礼教之源。且尝一饭三吐哺，一沐三握发。以礼天下之贤士。其子伯禽未谙礼节，宜其三见而三笞之也。商子以桥梓明父子之道。俾尽乎礼，诚不愧为君子矣。

知人论世

周公，姓姬名旦，是周文王第四子，周武王的弟弟，曾两次辅佐周武王东伐纣王，并制作礼乐。因其封地在周，爵为上公，故称周公。他是西周初期杰出的政治家、军事家、思想家和教育家，被尊为"元圣"和儒学先驱。他确立了周王朝的嫡长子继承制，以宗法血缘为纽带，把家族和国家融合在一起，把政治和伦理融合在一起，这一制度的形成对中国封建社会产生了极大的影响，为周族八百年的统治奠定了基础。

伯禽，姬姓，名禽，伯是其排行，尊称禽父，是周公长子，周朝诸侯国鲁国第一任国君。《诫伯禽书》是在伯禽去封地之前，周公告诫儿子的一段话，把如何从政提到"王家"兴衰存亡的高度来认识。伯禽没有辜负父亲的期望，没过几年就把鲁国治理成民风淳朴、务本重农、崇教敬学的礼仪之邦。《诫伯禽书》首开中国古代仕宦家训的先河，浓缩了周公的人生哲学和智慧，对后世有着深远的影响。

阅读鉴赏

译文：

周朝初年，周公有个儿子叫伯禽。伯禽跟着康叔去拜见父亲，结果去三次就被周公杖打三次。伯禽被打，但不明白是何原因，于是去向商子请教。商子没有直接回答他，而是说：“南山的阳面有一种树，叫乔木；北山的阴面有一种树，叫梓树。你去看看这两种树就知道原因了。”伯禽按他的话去到山中，只见乔木高大茂密，树冠高高仰起；而梓树长得矮矮小小，树冠低俯着，很恭谦的样子。伯禽回来把自己所看告诉了商子，商子慈爱地说：“是啊，乔木高仰，就像做父亲的；梓树低俯，就像做儿子的。你看树都有高低之别，人也应该长幼有别才对啊！长辈晚辈之间，是一定要讲礼节的。”伯禽听了，恍然大悟，第二天又去见父亲，一进门就快步上前行了个跪拜礼。周公看到他的表现后非常高兴，赞他一定是受到了高人的教诲。

周公制定礼仪，开了礼教的源头。他曾因急于接见贤士，吃一顿饭停下三次，洗一次头也中断好几次。他的儿子伯禽不懂礼节，去见周公三次，被父亲痛打了三次。商子用乔木、梓树为喻向伯禽讲明父子之间要有礼仪的道理，使他懂得礼节，实在是善为人师的高人。

这个故事是我国早期为人子者要尊长孝亲、明礼知敬的典范。周公将家风建设贯穿在日常生活中，对子女以“礼”来严格要求。在周公的教导下，伯禽自小学习礼数，后受封于鲁国，以礼数教化百姓，移风易俗，为世人所称赞。

思考寄语

良好的礼仪修养不仅能为个体带来良好的心境与幸福感，还能在不经意间为工作、生活创造便利。因此，学礼、懂礼、行礼是任何时代、任何国家或地区的人都需要做的。作为在校学生，我们更应该学习礼仪知识，加强礼仪修养，为将来走入社会，更好地适应生活、适应工作打好基础。

9 常用礼貌用语七字诀

诵读主体

与人相见说“您好” 问人姓氏说“贵姓” 问人住址说“府上”
仰慕已久说“久仰” 长期未见说“久违” 求人帮忙说“劳驾”
向人询问说“请问” 请人协助说“费心” 请人解答说“请教”
求人办事说“拜托” 麻烦别人说“打扰” 求人方便说“借光”
请改文章说“斧正” 接受好意说“领情” 求人指点说“赐教”
得人帮助说“谢谢” 祝人健康说“保重” 向人祝贺说“恭喜”
老人年龄说“高寿” 身体不适说“欠安” 看望别人说“拜访”
请人接受说“笑纳” 送人照片说“惠存” 欢迎购买说“惠顾”
希望照顾说“关照” 赞人见解说“高见” 归还物品说“奉还”
请人赴约说“赏光” 对方来信说“惠书” 自己住家说“寒舍”
需要考虑说“斟酌” 无法满足说“抱歉” 请人谅解说“包涵”
言行不妥“对不起” 慰问他人说“辛苦” 迎接客人说“欢迎”
宾客来到说“光临” 等候别人说“恭候” 没能迎接说“失迎”
客人入座说“请坐” 陪伴朋友说“奉陪” 临分别时说“再见”
中途先走说“失陪” 请人勿送说“留步” 送人远行说“平安”

知人论世

中国有五千年文明史，素有“礼仪之邦”之称，中国人也以彬彬有礼而著称于世。礼仪作为中国传统文化的一个重要组成部分，以其丰富的内容、高尚的准则和完备的体系对中国社会和历史的发展产生了广泛而深远的影响。

中国古代的“礼”和“仪”，实际是两个不同的概念。“礼”是制度、规则和一种社会意识观念；“仪”是“礼”的具体表现形式，是依据“礼”的规定和内容形成的一套系统而完整的程序。现代“礼”和“仪”充分融合，逐渐合成一个词：礼仪，意思是“礼节和仪式”。

在现代社会，随着经济、文化和社会交往日益频繁，礼仪的重要性日益突出。现代礼仪虽然与古代礼仪已经有了很大的区别，但是其是从古代礼仪脱胎而来的，继承了古代礼仪的精华部分。如尊老敬贤、仪尚适宜、礼貌待人、容仪有整等，这对于发扬中华传统文化、培养良好个人修养、协调和谐人际关系、塑造文明社会风气，都具有重要意义。

阅读鉴赏

礼仪是在人际交往中，以一定的、约定俗成的程序、方式所表现出的律己、敬人的过程，是一个人内在修养和素质的外在表现。礼貌是礼仪的一种表现形式，主要体现在待人谦恭和气、谈吐文明有礼、举止端庄大方等方面。礼貌用语则是表示谦虚恭敬的话语，恰当地运用，可以使人与人之间形成互相尊重、平等、和谐的关系。使用礼貌用语是尊重他人的表现，是友好关系的敲门砖。

我们在日常生活中，尤其是在社交场合中使用礼貌用语十分重要。多说客气话不仅表示对别人的尊重，而且能体现个人的涵养。因此多用礼貌用语不仅有利于双方气氛融洽，而且有益于交际。本篇将日常用语中的敬语、谦语、雅语等归纳成“七字诀”，通俗易懂，朗朗上口，方便大家掌握用于不同情境和场合的礼貌用语。学习礼貌用语重在实践，要做到知行统一。

思考寄语

一个人成长的重要时期是在学校中度过的，因此，同学们在学习专业课和文化课的同时，还应该认真学习礼仪知识、养成良好的礼仪习惯，这将会影响我们未来的工作与生活，并伴随我们一生。“不学礼，无以立。”希望同学们能善于因时、因地规范自己的言行，做一个能赢得别人尊重和喜爱的人，这样会使我们的青春美好而和谐。

10 问礼第六（节选）

诵读主体

孔子曰：“丘闻之，民之所以生者，礼为大。非礼，则无以节事天地之神焉；非礼则无以辨君臣、上下、长幼之位焉；非礼，则无以别男女、父子、兄弟、婚姻、亲族、疏数之交焉。是故君子此之为尊敬，然后以其所能教顺百姓，不废其会节。既有成事，而后治其文章黼黻，以别尊卑上下之等。其顺之也，而后言其丧祭之纪，宗庙之序。品其牺牲，设其豕腊，修其岁时，以敬其祭祀，别其亲疏，序其昭穆。而后宗族会燕，即安其居，以缀恩义。卑其宫室，节其服御，车不雕玑，器不彤镂，食不二味，心不淫志，以与万民同利。古之明王，行礼也如此。”

知人论世

提起孔子，多数人会立刻想到《论语》，而《孔子家语》却知之者甚少。若要全面了解孔子的人生事迹及其学说，感悟一位圣人的立体生命形态，则不可不读《孔子家语》。

《孔子家语》，又名《孔氏家语》或者《家语》，书中详细记录了孔子与其弟子门生的问对诘答和言谈行事，对研究儒家学派的哲学思想、政治思想、伦理思想和教育思想，都有巨大的理论价值。

孔子生活在春秋末期，那是一个“礼崩乐坏”的时代，所以他致力于恢复周公制礼作乐的精神内涵，倡导让社会和谐，重回大同的理想，他一生坚持这种理想，从未放弃。书中提到“知礼”与“好礼”两个观念，“知礼”是知识学习的过程，包括了解社会人群操作礼仪的方法、订立礼制的背景和原因，强调自己加以思辨和判断，而不是盲目地依从，要在礼仪之中感悟礼的意义，思考礼的精神内涵，逐步向内心发展德行修养。“好礼”是德行的表现，要完善礼的行为，一举手一投足都不能有失礼的地方。好好学习每种礼节，然后以礼节推行和教导学生，化解人与人之间的矛盾行为，减少摩擦和争吵，维护社会和谐，都是好礼的重要性。

阅读鉴赏

译文：

孔子说："我听闻，在人们生活中，礼是最重大的事情。没有礼，就不能够以礼节侍奉天地的神灵；没有礼，就不能区分君臣、上下、长幼的高低位置；没有礼，就不能辨别男女、父子、兄弟、婚姻、亲族的亲疏程度，以便有秩序地交往。因此，有修养的君子，把礼看得非常重要，并用他所了解的礼教来引导百姓和顺相处，不会废除会面的礼节。等到礼的教化有了成效之后，订立条文篇章，以及礼服上的刺绣纹饰，用来分别尊卑、上下的等级。制度逐渐顺畅，然后谈论丧事、祭礼的纪律以及祖先宗庙的礼序。安排好祭祀用的牲畜，布置好祭祖用的干肉，每年按时举行严肃的祭礼，以表达对神灵、祖先的尊敬之心，区别血缘的亲疏，排定昭穆的次序。然后宗亲族人一起宴会，使大众有安居乐业的生活，联系大家的恩情仁义。房屋住得卑陋，衣服马车简朴，车上不做雕刻装饰，器皿没有花纹，只吃一种荤菜，不被淫乱迷惑意志，与苍生同享利益。古代英明的君王，就是用这种办法推行礼教。"

本文深入全面地回答了有关礼的各种问题。古代的礼，是一种社会共通的礼法，辅助正规的法律条文。礼作为无形的法律，大家共同遵守，否则社会就会混乱。孔子阐述礼的发展过程，由"始于饮食"，以至养生送死等情况。中华文化在社会进程中，开启礼的功能，成为礼仪之邦，蕴藏着丰富的精神内涵。

思考寄语

"礼"赋予生命教育正确的指标和路线图，推行礼乐教育，不能死板，必须践履笃实。作为现代人，我们如果不守礼，不推行礼仪，社会就会是非混淆、混乱一片。我们应该时刻牢记"有礼走遍天下，无礼寸步难行"。

11 礼记·中庸（节选）

诵读主体

齐明盛服，非礼不动，所以修身也；去谗远色，贱货而贵德，所以劝贤也；尊其位，重其禄，同其好恶，所以劝亲亲也；官盛任使，所以劝大臣也；忠信重禄，所以劝士也；时使薄敛，所以劝百姓也；日省月试，既廪称事，所以劝百工也；送往迎来，嘉善而矜不能，所以柔远人也；继绝世，举废国，治乱持危，朝聘以时，厚往而薄来，所以怀诸侯也。凡为天下国家有九经，所以行之者一也。

知人论世

《礼记》是中国古代一部关于典章制度的重要文献，由西汉理学家戴德及其侄戴圣所编定。戴德所编《礼记》共85篇，被称作《大戴礼记》，戴圣所编《礼记》共49篇，被称作《小戴礼记》。唐代开始，将《小戴礼记》列为“九经”，到宋代被列入“十三经”，成为经学经典，也就是我们今天所见到的《礼记》，而《大戴礼记》则渐渐散佚了。

《中庸》是中国古代论述人生修养境界的一部道德哲学专著，是儒家经典之一，原属《礼记》第31篇，相传为战国时期子思所作。其内容肯定“中庸”是道德行为的最高标准，认为“至诚”则达到人生的最高境界，并提出“博学之，审问之，慎思之，明辨之，笃行之”的学习过程和认识方法。宋代学者将《中庸》从《礼记》中抽出，与《大学》《论语》《孟子》合称为“四书”。宋元以后，《中庸》成为学校官定的教科书和科举考试的必读书，对中国古代教育和社会产生了极大的影响。

阅读鉴赏

译文：

斋戒沐浴，穿着盛服，不合礼法的事不做，这就是修身的原则；去除奸佞小人和远离美色，轻视财物而重视德行，这就是鼓励贤人的方法；尊重贤人的地位，增加俸禄，与他们的喜好相同，这就是鼓励人们爱戴亲友的方法；信任下属，重视爵禄分配，这就是勉励士人的方法；按照农时让百姓耕作，减少征收赋税，这就是鼓励百姓的办法；天天检查月月考核，按照业绩大小来分配口粮，这就是鼓励工匠的方法；对来往的人员迎送妥当，奖励善者同情能力低下的人，这就是怀柔四夷的方法；延续断绝了的时代，兴举废国，整治动乱扶持危亡，按照规定时间朝聘，重赏赐，轻惩罚，这就是安抚诸侯的方法。凡治理国家有九种方法，但其中的道理是一样的。

选文内容强调礼的社会价值，阐释治国九经的道理是相通的，其中也包含许多做人的道理。“齐明”的“齐”是“斋戒”的“斋”，明是明洁的意思。指外表要像斋戒那样“盛服”，内心要“明洁”，依着礼法、合乎礼节，才能修身；要“去谗远色”，轻财货、重贤德；对自己的亲族，要施与恩泽、相亲相爱，有家庭观念；对待臣子，要忠信厚禄，对待百姓要使民以时、降低赋税；对待百工要日省月试，考核绩效；优待远方的客人要赞美和友善；胸怀诸侯，厚往而薄来……从个人修养到对待亲友，从用人法则到国际交往，《中庸》里有修身养性的劝诫，也有治国平天下的原则，以“至善”“至诚”的理念影响了中国两千年来的民族文化。

思考寄语

《中庸》告诉人们用中正、中和的方式做人做事，而不是“持中，中立”的唯一解释。《中庸》是修身哲学，提出了“五达道”“三达德”“慎独”“至诚尽性”等内容，历史上的朱熹、顾炎武、曾国藩诸人，读懂了《中庸》，才做到了至善、至诚的中庸境界。我们学习《中庸》，要结合自己的特性，从为人处世、人性修养等方面多加体会，吸收其中的礼学思想，理解“礼”构成中国“礼仪之邦”的精神内涵和人文意蕴，至诚向善臻美，将中华礼仪文化发扬光大，为建设大同社会做出贡献。

12 爱 国

诵读主体

爱国心者，起于人民与国土之感情，犹家人之爱其居室田产也。行国之民，逐水草而徙，无定居之地，则无所谓爱国。及其土著也，画封疆，辟草莱，耕耘建筑，尽瘁于斯，而后有爱恋土地之心，是谓爱国之滥觞。至于土地渐廓，有城郭焉，有都邑焉，有政府百执事焉。自其法律典例之成立，风俗习惯之沿革，与夫语言文章之应用，皆画然自成为一国，而又与他国相交涉，于是乎爱国之心，始为人民之义务矣。

人民爱国心之消长，为国运之消长所关。有国于此，其所以组织国家之具，虽莫不备，而国民之爱国心，独无以副之，则一国之元气，不可得而振兴也。彼其国土同，民族同，言语同，习惯同，风俗同，非不足以使人民有休戚相关之感情，而且政府同，法律同，文献传说同，亦非不足以使人民有协同从事之兴会，然苟非有爱国心以为之中坚，则其民可与共安乐，而不可与共患难。事变猝起，不能保其之死而靡他也。故爱国之心，实为一国之命脉，有之，则一切国家之原质，皆可以陶冶于其炉锤之中；无之，则其余皆骈枝也。

爱国之心，虽人人所固有，而因其性质之不同，不能无强弱多寡之差，既已视为义务，则人人以此自勉，而后能以其爱情实现于行事，且亦能一致其趣向，而无所参差也。人民之爱国心，恒随国运为盛衰。大抵一国当将盛之时，若垂亡之时，或际会大事之时，则国民之爱国心，恒较为发达。国之将兴也，人人自奋，思以其国力冠绝世界，其勇往之气，如日方升。昔罗马暴盛之时，名将辈出，士卒致死，因而并吞四邻，其已事也。国之将衰也，或其际会大事也，人人惧祖国之沦亡，激励忠义，挺身赴难，以挽狂澜于既倒，其悲壮沉痛亦有足伟者，如亚尔那温克特里之于瑞士，哥修士孤之于波兰是也。

由是观之，爱国心者，本起于人民与国土相关之感情，而又为组织国家最要之原质，足以挽将衰之国运，而使之隆盛，实国民最大之义务，而不可不三致意者焉。

知人论世

蔡元培（1868—1940），字鹤卿，浙江绍兴人。著名的革命家、教育家、政治家。清代曾中进士、点翰林。1898年，辞官回绍兴，任中西学堂监督。1904年，创办光复会，从事反清革命活动。1905年，加入中国同盟会，任上海分会负责人。辛亥革命后任教育总长。1916—1927年担任北京大学校长，推动了新文化运动。历任监察院院长、中央研究院院长等职。著有《中国伦理学史》《石头记索隐》等，主要著述编为《蔡元培全集》。

1912年，蔡元培在德国留学期间，编写了一本《中学修身教科书》，1912年5月由商务印书馆出版。该书共分上下两篇，上篇共五章。本书选取的是上篇第四章第六节“爱国”。

阅读鉴赏

在蔡元培先生编写的《中学修身教科书》中，上篇是修身之实践，分为修己、家族、社会、国家、职业五章。在“国家”一章中“爱国”一节的阐述中，表达了自己对“爱国”的深刻见解。

选文第一段，蔡元培认为“爱国心者，起于人民与国土之感情”，他通过类比来阐释人民与国家之间的关系。第二段，阐述“人民爱国”与“国运”之间的关系，只有国民爱国，国家才能元气振兴，通过举例和对比，强调“爱国之心，实为一国之命脉”。第三段，强调爱国是人民的义务。第四段，通过对比手法，列举大量实例，产生国之兴与国之衰两种国运形势下国民爱国心的表现。第五段，呼应第一段的内容，强调爱国之情，总结“爱国心者”“为组织国家最要之原质”“实国民最大之义务”。

“修身、齐家、治国、平天下”是儒家对于个人修身的最高要求，蔡元培编写《中学修身教科书》，应该也是希望青年能够继承优良传统，从个人修养到实现国家兴盛，在“修齐治平”中实现理想追求。

思考寄语

蔡元培生活在中华民族历尽灾难的年代，作为爱国知识分子的杰出代表，他为寻求中国的出路进行了艰难的探索和不懈的斗争，为中国民主革命事业和文化科学教育事业做出了不可磨灭的贡献。在那样一个激烈动荡的年代，他不懈追求进步，在教育、政治等各个领域做出了不朽的贡献。作为新时代的中职生，我们何其有幸，生逢盛世，我们不仅要学习伟人的爱国精神，将爱国之情深埋于心，更要有强国之志、报国之行，为实现中国梦和中华民族的伟大复兴做出自己的贡献。

13 苏武庙

诵读主体

苏武魂销汉使前，古祠高树两茫然。
云边雁断胡天月，陇上羊归塞草烟。
回日楼台非甲帐，去时冠剑是丁年。
茂陵不见封侯印，空向秋波哭逝川。

知人论世

温庭筠，字飞卿，唐代诗人、词人。诗词兼工，诗与李商隐齐名，并称“温李”；词与韦庄齐名，并称“温韦”。温庭筠出身没落贵族家庭，富有天赋，文思敏捷，但其恃才不羁，得罪权贵，屡试不第，以致终身潦倒。他的诗辞藻华丽，浓艳精致，其词更是刻意求精，注重文采和声情，为“花间派”首要词人，对词的发展影响很大。其诗今存三百多首，有清顾嗣立重为校注的《温飞卿集笺注》；其词今存七十余首，收录于《花间集》《金荃词》等书中。

苏武是汉武帝时持节送匈奴的使者，却被匈奴扣留威胁汉朝投降，但苏武始终不屈，被徙至北海牧羊十九年，犹持汉节示志，回时节旄尽落。晚唐国势衰颓，民族矛盾尖锐。表彰民族气节，歌颂忠贞不屈、向心故国，是时代的需要。

阅读鉴赏

译文：

苏武初遇汉使，悲喜交集感慨万千；而今古庙高树，肃穆庄严久远渺然。羁留北海音书断绝，头顶胡天明月；荒陇牧羊回来，茫茫草原已升暮烟。回朝进谒楼台依旧，甲帐却无踪影；奉命出使加冠佩剑，正是潇洒壮年。封侯授爵缅怀茂陵，君臣已不相见；空对秋水哭吊先皇，哀叹逝去华年。

此诗是作者瞻仰苏武庙时所作，含蓄地表达了作者对苏武所怀的敬意，热情地赞扬苏武的民族气节，寄托着作者的爱国情怀。诗歌灵活用典、工整对仗，时空交错，耐人寻味。晚唐国势堪忧，需要激发民族气节和弘扬忠君爱国精神，温庭筠的这首诗正是塑造了一位坚持民族气节的英雄形象。杜牧也曾歌颂苏武"牧羊驱马虽戎服，白发丹心尽汉臣"。

思考寄语

在诵读中遥念先贤，凭吊古人，我们也被苏武的经历和心向故国的爱国情怀深深感动，每个时代都有值得尊敬和缅怀的爱国志士。在社会主义核心价值观中，个人层面倡导爱国、敬业、诚信、友善，爱国排在首位。我们要把社会主义核心价值观的基本内容融化在心灵里，铭刻在脑子中，结合学习和生活等实践不断加深理解，与人为善、精忠报国、大公至正、诚信为本，养成好思想、好品德。

14 论礼第二十七

诵读主体

子曰："慎听之！汝三人者，吾语汝：礼犹有九焉，大飨有四焉。苟知此矣，虽在畎亩之中，事之，圣人矣。两君相见，揖让而入，入门而悬兴；揖让而升堂，升堂而乐阕；下管象舞，夏钥序兴；陈其荐俎，序其礼乐，备其百官，如此而后君子知仁焉。行中规，旋中矩，銮和中采荠，客出以雍，彻以振羽。是故君子无物而不在于礼焉。入门而金作，示情也；升歌《清庙》，示德也；下管象舞，示事也。是故古之君子，不必亲相与言也，以礼乐相示而已。夫礼者、理也；乐者、节也。无礼不动，无节不作。不能诗，于礼谬；不能乐，于礼素；薄于德，于礼虚。"

知人论世

《孔子家语》又名《孔氏家语》，或简称《家语》，儒家类著作。原书二十七卷，今本为十卷，共四十四篇，是一部记录孔子及孔门弟子思想言行的著作。《孔子家语》对孔子的记载比较全面，不仅有孔子的言行，还有具体的情节，更全面地展示出孔子的人品和思想，具有重要的文献价值。

春秋时期，礼崩乐坏，社会混乱，孔子想用礼、乐来恢复社会的正常秩序。礼，不仅是礼节规范，还是相互平等、尊重，既约束自我，也爱护别人，即"克己复礼"。

阅读鉴赏

译文：

孔子说："仔细谨慎听着！你们三个人啊，我要告诉你们：朝会的礼有九种，其中接待宾客的礼有四种。能够熟识这些，虽然生活在乡间田野之中，如能依礼而行，人们也会视你为有高尚道德的圣人。两国的君王相见，互相拱揖以礼，然后进入大门，进入大门后钟鼓等乐器齐奏；又互相行礼作揖，然后登堂；登堂就座，音乐停止；堂下演奏管弦乐器，先跳武舞，又用钥为饰物跳文舞。陈列进献肴馔，秩序井然地安排礼乐，百官肃整衣襟，列位排班。这样，来访的国君就感受到了主人的深情厚谊。行为动作，要合乎礼仪规则；与其他人周旋见面，符合规矩礼节：车铃配合《采荠》乐曲的和音；宾客开始退席，演奏《雍》的乐曲欢送；撤去酒席后，演奏《振羽》的乐曲。所以有道德修养的人，没有一件事物和行为不在礼当中。入门便击打金属板，表示真情的感动；登堂歌唱《清庙》，表示文王的德行：堂下演奏管弦和跳舞，表示武王的丰功伟业。所以古代有道德修养的人，不必一定亲自与人交谈，以礼乐互相表示便可以。礼，是道'理'；乐，是恰当的'节'奏韵律。没有理，不能采取行动，没有节，不可演奏乐曲。不能吟诵诗歌，在礼仪上便会谬误；不能奏乐曲，在礼仪上便没有生动的气息；没有品德，在仪上便成为虚文和虚伪。"

孔子用精练的文字语句阐述了对礼的重要见解，本篇主要阐释了礼的九件事，告诉弟子怎样做才符合礼，以及礼、乐之间的关系。孔子希望弟子知礼，也能好礼。学习礼的知识，了解社会人群操作礼仪的方法，加强思辨与判断，思考礼的精神内涵，逐步向内心发展德行的修养。

思考寄语

在诵读中，我们可以感受到孔子修身以礼的生活态度，了解一个至圣、至仁、至德的圣者思想，他的品德修养已臻化境，礼仪规范运用自如，成为后人的学习楷模。我们学习孔子的礼仪精髓，也会成为礼义仁德的君子。

15 正伦理（二十一）

诵读主体

无家教之族，切不可与为婚姻，娶妇固不可，嫁女亦不可。此虽吾惩往失痛心之言，然正理古今不异。《礼记》者云："为子孙娶妻嫁女，必择孝悌，世世有行仁义者。"如是则子孙慈孝，不敢淫暴。党无不善，三族辅之。故曰："凤凰生而有仁义之意，狼虎生而有暴戾之心。"两者不等，各以其母。呜呼，慎戒哉！

知人论世

选文出自清代张履祥的《训子语译注》。

张履祥（1611—1674），字考夫，号念芝，浙江桐乡人。世居清风乡炉镇杨园村（今桐乡市乌镇杨园村），学者称杨园先生。张履祥是明清之际的大儒，著名的理学家、教育家、农学家。其著作被后人编订为《杨园先生全集》，包括《训子语》《补农书》《备忘录》《近鉴》《言行见闻录》等，共十六种五十四卷。

张履祥是明末清初著名的教育家，《训子语》是其晚年的重要著述。该书倡导以忠信笃敬为本，以立身行己为要，积善与耕读的农士家风；提出了立身四要"爱、敬、勤、俭"，居家四要"亲亲、尊贤、敦本、尚实"，以及"正伦理，笃恩谊，远邪慝，重世业""以守身为本，继述为大"等，形成了一个完整的家庭教育理论体系。

阅读鉴赏

译文：

没有良好家教的家族，一定不要和他们相互通婚，娶媳妇本来就不可以，嫁女儿给他们也不可以。这虽然是我鉴于自己以前过失的悲愤之言，但是正确的道理过去和现在是没有差别的。记录孔子礼学的《大戴礼记》中说，为子孙娶媳妇、嫁女儿，一定要选择孝敬父母、友爱兄长、世世代代践行仁义的人家。像这样去做，子孙就会慈爱、孝敬，不敢放纵暴戾，结交的人也没有不心地善良的，父族、母族、妻族三个家族的人也都来帮助他。所以说：“凤凰生的子女有仁爱正义之心，狼虎生的子女有凶暴残忍之心。”这两类人完全不同，是因为它们的母亲不同。要谨慎戒惧呀！

选文主要阐述家庭中母亲的重要性，强调母亲是孩子的第一任老师。与孩子朝夕相处，母亲的一言一行、一举一动，对孩子的成长影响最早，也最直接。把孩子教育成一个什么样的人，并不取决于母亲拥有多少知识，而是取决于母亲拥有怎样的人生态度和道德操守。

家风家训与社会主义核心价值观，构建和谐社会紧密连接，成为我国社会主义道德体系建设新的风向标。家风好，就能家道兴盛、和顺美满；家风差，难免殃及子孙、贻害社会。

思考寄语

培养良好的家风关键是培养家庭美德，每个家庭在中华优秀传统美德的浸润下都应该有自己代代传承的家风、家训，父母要勤俭节约、孝敬老人、善于持家，子女要礼貌规矩、好学向上、懂得感恩，通过重视家庭教育，优化家风家训，为子女的人生系上“第一粒扣子”。认真研读家训类书籍，可以帮助我们更好地理解古人的思想和教育理念，也可作为现代家庭教育的良好参照。

16 希宪礼贤

诵读主体

元廉希宪，礼贤下士。刘整以尊官往见，公不命坐；宋诸生褴褛袖诗请见，公延入坐，尽欢。既罢，人或问之，公曰："国家大臣，语默进退，系天下轻重。刘整虽贵，曾有犯上之行；诸生斯文，我不加厚，则儒术由此衰矣。"

尊富贵轻贫贱，人之常情，而不知已失礼矣。然非谓尊贫贱而轻富贵也，亦惟视其贤不贤耳，亦非谓尊其贤而轻不贤也。盖不贤者须化之为贤，故嘉善而矜不能。若以不贤致富贵者，则卑之可也。

知人论世

廉希宪（1231—1280），维吾尔人，字善甫，有文武之才，元世祖称为"廉孟子"，至元十七年（1280），廉希宪病逝，终年五十岁。谥号"文正"。廉希宪"幼魁伟，举止异凡"。成年后，爱好经史。十九岁时，入侍忽必烈于藩邸，被称为"廉孟子"。曾任京兆宣抚使，他刚正不阿、直言敢谏，体恤百姓疾苦，以教育人才作为根本大计，将儒士另立户籍，取得显著政绩。丞相伯颜曾赞其为"男子中真男子，宰相中真宰相"。

阅读鉴赏

译文：

元代的廉希宪敬贤士，对读书人很是礼遇。一次，有个叫刘整的大官到他家去拜见他，希宪并不请人家入座，脸上还露出冷淡的表情；但进来几个衣着破烂的读书人带着自己的诗作来拜见，他不但请他们上座，还和他们谈起诗来，谈得很投机。读书人走后，有人问他为什么会出现两种截然相反的态度。希宪说："做大臣的人，一言一行、一进一退都关系着国家的轻重安危。刘整虽然显贵，但曾冒犯过皇上；而那些读书人个个彬彬有礼，谦恭谨慎。更主要的还有一点，我优待他们，是为了弘扬、延续以后的读书风气呀。"

选文通过廉希宪对待不同人的接待态度而阐明他的礼待原则。对待地位尊贵的刘整，他并不“命坐”，但对待“褴褛袖诗”的诸生，他却“延入坐”，原因是刘整虽贵，却曾无礼犯上，诸生虽贫贱，却“袖诗请见”，斯文中体现出文人求学的风尚。可见，廉希宪是“不厚尊贵，独礼斯文”，不流世俗，卓见超群。

思考寄语

尊敬显达的人，漠视贫贱的人，看起来好像是人之常情，但实际上这是不合礼仪的。当然，礼仪也并不是要我们只尊敬贫贱之人而轻视显达之人，礼仪的关键，是要看他是不是贤德之人。同样地，敬重贤德之人却轻视那些德行不够的人也是不对的，正确的做法应该是用礼教道义去感化那些尚不贤德的人，使他们变得有道有义，从这一点上说，我们应该大力赞扬那些有德行的人，尽力帮助那些尚不贤德的人。

17 劝孝歌

诵读主体

孝为百行首，诗书不胜录。
富贵与贫贱，俱可追芳躅。
若不尽孝道，何以分人畜？
我今述俚言，为汝效忠告。
百骸未成人，十月怀母腹。
渴饮母之血，饥食母之肉。
儿身将欲生，母身如在狱。
惟恐生产时，身为鬼眷属。
一旦见儿面，母喜命再续。
一种诚求心，日夜勤抚鞠。

母卧湿簟席，儿眠干裀褥。
儿睡正安稳，母不敢伸缩。
儿秽不嫌臭，儿病甘身赎。
横簪与倒冠，不暇思沐浴。
儿若能步履，举步虑颠覆。
儿若能饮食，省口恣所欲。
乳哺经三年，汗血耗千斛。
劬劳辛苦尽，儿至十五六。
性气渐刚强，行止难拘束。
衣食父经营，礼义父教育。
专望子成人，延师课诵读。
慧敏恐疲劳，愚台忧碌碌。
有过常掩护，有善先表暴。
子出未归来，倚门继以烛。
儿行十里程，亲心千里逐。
儿长欲成婚，为访闺门淑。
媒妁费金钱，钗钏捐布粟。
一旦媳入门，孝思遂衰薄。
父母面如土，妻子颜如玉。
亲责反睁眸，妻詈不为辱。
人不孝其亲，不如禽与畜。
慈乌尚反哺，羔羊犹跪足。
人不孝其亲，不如草与木。
孝竹体寒暑，慈枝顾本末。
劝尔为人子，孝经须勤读。
王祥卧寒冰，孟宗哭枯竹。
蔡顺拾桑椹，贼为奉母粟。
杨香搤父危，虎不敢肆毒。
如何今世人，不效古风俗？
何不思此身，形体谁养育？
何不思此身，德性谁式谷？
何不思此身，家业谁给足？
父母即天地，罔极难报复。

天地虽广大，难容忤逆族。
及早悔前非，莫待天诛戮。
万善孝为先，信奉添福禄。

知人论世

《孝经》是中国古代汉族政治伦理著作，儒家十三经之一。《孝经》是阐述孝道和孝治思想的中国古代儒家经典著作，历代儒客研习之核心书经。《孝经》，以孝为中心，为历代儒客所尊崇，比较集中地阐述了儒家的伦理思想。它肯定“孝”是上天所定的规范，“夫孝，天之经也，地之义也，人之行也”。国君可以用孝治理国家，臣民能够用孝立身理家。《孝经》将孝与忠联系起来，把“孝”的社会作用推而广之，对实行“孝”的要求和方法也做了系统而详细的规定。

《孝敬》所附劝孝歌有二，选文是其一。

阅读鉴赏

这首《劝孝歌》朗朗上口，通俗易懂，写尽了母亲养育子女的艰辛，写出了父亲教育孩子的不易，层层深入，感人肺腑，催人泪下。

歌中以理开篇，强调“孝”的必要性和重要性，给予忠告：“若不尽孝道，何以分人畜？”在主体内容中前半部分以时间为顺序，讲述一个人从胎儿开始，父母是如何辛劳养育的，成年后又是如何对待父母的；后半部分列举蔡顺、杨香等孝子的例子作为学习榜样，连用反问来激发反思，告诫子女要念亲情、感恩德。最后以振聋发聩的“难容忤逆族”“莫待天诛戮”唤醒不孝之子，以“万善孝为先，信奉添福禄”的正面劝导收束。

常念此歌，体恤父母，感恩养育，尊礼敬亲，才能让家庭更加美满。

思考寄语

读《孝经》，念孝歌，有孝行，以体贴爱敬之心奉养健在的父母，以哀戚诚敬之心祭奉亡故的父母，运用《孝经》的智慧，让家庭更加幸福美满、社会更加安宁和谐。这也是对中华优秀传统文化的继承和发展。

18 礼

诵读主体

看报，是有益的，虽然有时也沉闷。例如罢，中国是世界上国耻纪念最多的国家，到这一天，报上照例得有几块记载，几篇文章。但这事真也闹得太重叠，太长久了，就很容易千篇一律，这一回可用，下一回也可用，去年用过了，明年也许还可用，只要没有新事情。即使有了，成文恐怕也仍然可以用，因为反正总只能说这几句话。所以倘不是健忘的人，就会觉得沉闷，看不出新的启示来。

然而我还是看。今天偶然看见北京追悼抗日英雄邓文的记事，首先是报告，其次是演讲，最末，是“礼成，奏乐散会”。

我于是得了新的启示：凡纪念，“礼”而已矣。

中国原是“礼义之邦”，关于礼的书，就有三大部，连在外国也译出了，我真特别佩服《仪礼》的翻译者。事君，现在可以不谈了；事亲，当然要尽孝，但殁后的办法，则已归入祭礼中，各有仪，就是现在的拜忌日，做阴寿之类。新的忌日添出来，旧的忌日就淡一点，“新鬼大，故鬼小”也。我们的纪念日也是对于旧的几个比较的不起劲，而新的几个之归于淡漠，则只好以俟将来，和人家的拜忌辰是一样的。有人说，中国的国家以家族为基础，真是有识见。

中国又原是“礼让为国”的，既有礼，就必能让，而愈能让，礼也就愈繁了。总之，这一节不说也罢。

古时候，或以黄老治天下，或以孝治天下。现在呢，恐怕是入于以礼治天下的时期了，明乎此，就知道责备民众的对于纪念日的淡漠是错的，《礼》曰：“礼不下庶人”；舍不得物质上的什么东西也是错的，孔子不云乎：“赐也尔爱其羊，我爱其礼！”

“非礼勿视，非礼勿听，非礼勿言，非礼勿动”，静静的等着别人的“多行不义，必自毙”，礼也。

九月二十日。

知人论世

鲁迅（1881—1936），原名周树人，字豫才，浙江绍兴人。著名文学家、思想家、革命家、教育家、民主战士。新文化运动的重要参与者，中国现代文学的奠基人之一。1918年发表《狂人日记》所署名的笔名——鲁迅，成为最为广泛的笔名。

鲁迅在文学创作、文学批评、思想研究、文学史研究、翻译、美术理论引进、基础科学介绍和古籍校勘与研究等多个领域具有重大贡献。他对于五四运动以后的中国社会思想文化发展具有重大影响，蜚声世界文坛，尤其在韩国、日本思想文化领域有着极其重要的地位和影响，被誉为“二十世纪东亚文化地图上占最大领土的作家”。

阅读鉴赏

我们都参加过各种各样的仪式，如婚礼、葬礼、寿礼、祭礼以及各种纪念、各式典礼等。这都是自然的、谁都毫不注意、不以为奇的平常事，然而鲁迅注意了，并以缜密的思想、犀利的笔锋从历史的深度挖掘出了常人所忽略的东西。这正是鲁迅“不但是伟大的文学家，而且是伟大的思想家和伟大的革命家”的一个重要特点，也是本文意义所在。

自古以来，中国就有“礼仪之邦”的美称，但同时也“是世界上国耻纪念最多的国家”，文章一开始就点出国耻纪念多，自然使人想到，自鸦片战争以来，大大小小的国耻到底有多少，恐怕难以计数，如果都纪念，那么一年365天都是不够用的。问题不在于是否纪念，而在于怎样雪耻。然而，国民党反动派面对日本侵略者加在中国人民头上的一个个新的国耻似乎很感兴趣于纪念，似乎也仅止于纪念礼仪，而且按照“新鬼大，故鬼小”的逻辑，对新的国耻纪念也总比对旧的“起劲”，纪念文章“千篇一律”“这一回可用，下一回也可用”“因为反正总只能说这几句话”，纪念方式也总是“首先是报告，其次是演讲，最末，是‘礼成，奏乐散会’”。在这里，作者生动形象地刻画出了卖国统治者们的丑恶嘴脸，传神地揭示出他们搞纪念仪式的心理情态。这哪是为纪念？分明是自欺欺人的把戏，是他们心灵丑剧的表演。他们搞纪念的全部意义充其量是“‘礼’而已矣”，并进而使人想到，他们的动机和目的其实是掩盖其卖国罪行。不是吗？他们特别喜欢“礼让为国”的古训，很“能让”，彬彬有“礼”地把祖国大好河山、丰富资源，一而再、再而三地拱手“让”给了日本侵略者，推行“不抵抗”政策。“而愈能让，礼也就愈繁了”，显然他们这愈来愈繁的“礼”只能是卖国之“礼”。写到这时，作者涉笔成趣地嘲讽道：“古时候，或以黄老治天下，或以孝治天下。现在呢，恐怕是入于以礼治天下的时期了”，这也是有书为证、有历史依据的，“舍不得物质上的什么东西也是错的，孔子不云乎：‘赐也尔爱其羊，我爱其礼’”！可见卖国有理，还能有“礼”！这是作者多么具有讽刺意义的一笔！

将历史的“礼”和现实的“礼”联系起来，显示出了作者对现实社会生活的锐敏观察、深刻透视和细致解剖的功力，即善于从人们所不注意的、最平常的生活现象中发现时代的“神髓”。抗战时期死人是平常事，开纪念会也寻常，谁也不会想到更深的意义，但作者却从中发现了不寻常的内容和实质，文章并不是针砭这种“礼”本身，而是通过这种具有广阔的时代性的“礼”的表面社会现象，挖掘出时代精神的病根，并追本溯源，这就使这种解剖和发现具有了历史的深度和时代的高度。这就是鲁迅作为一个革命家和思想家的伟大所在，作为时代斗士的特点之一。

由于作者所处的时代环境，对攸关“国政世变”的问题不能直抒胸臆，因而采取了曲折含蓄的暗示手法，表面写由一次纪念抗日死难者的“礼”而产生的感慨，似与时事无关，但隐含在表象下的作者对反动派卖国投降罪行的无情鞭挞和愤怒谴责之情却溢于言表。通篇找不出一句揭露投降卖国阴谋的话，却神情毕肖地勾画出卖国者的丑态，辛辣嘲讽之意尽在不言中，真可谓“不著一字，尽得风流”。这种明写与暗写、虚写与实写辩证统一的艺术表现手段，在有限的篇幅内最大限度地集中了作者的思想情感，大大提高了艺术的表现力，并给读者造成一种有想象、联想余地的回味无穷的艺术魅力。

文章最后一句更是饱含力量和情感，“静静的等着别人的‘多行不义，必自毙’，礼也”，是冷嘲，也是热讽，是正颜厉色的谴责，也是具有浓厚意会性的幽默。这一句看似平淡，颇有出世意味的尾语，实则是作者的哲学家的头脑、思想家的机智从理性上把握生活的智慧结晶，是作者以高超的艺术手段表现其对敌人恨得发冷的强烈情感的精彩一笔，给人一种曲折蕴含、心领神会的艺术享受。

思考寄语

阅读鲁迅的文章，我们要能够看到字面之下的深意，了解写作的特殊背景。“礼”内涵丰富，但是不能把“礼”仅仅形式化或表面化，更不能打着“礼”的口号做伪善或无耻之事。我们要在日常生活中践行“礼”文化，深究其精神实质，内化其文化内涵，让中华“礼仪之邦”实至名归。

19 颜氏家训：风操篇（节选）

诵读主体

《礼》云："忌日不乐。"正以感慕罔极，恻怆无聊，故不接外宾，不理众务耳。必能悲惨自居，何限于深藏也？世人或端坐奥室，不妨言笑，盛营甘美，厚供斋食；迫有急卒，密戚至交，尽无相见之理：盖不知礼意乎！

知人论世

颜之推（531—597），字介，原籍琅琊临沂（今山东临沂），世居建康（今江苏南京），生于士族官僚家庭，是南北朝至隋朝时期的著名学者。

《颜氏家训》通行本分七卷，共二十篇：卷一：《序致》《教子》《兄弟》《后娶》《治家》；卷二：《风操》《慕贤》；卷三：《勉学》；卷四：《文章》《名实》《涉务》；卷五：《省事》《止足》《诫兵》《养生》《归心》；卷六：《书证》；卷七：《音辞》《杂艺》《终制》。

阅读鉴赏

译文：

《礼记》上说："忌日不宴饮作乐。"正因为对亡故的父母有说不尽的感念思慕之情，悲伤哀痛，所以这天不接待宾客、不处理事务。但是若真能自觉做到悲伤怀念，又何必非得关在家里不出门呢？世间有些人虽然端坐在深室，却并不妨碍他们谈笑风生，他们依旧置办丰富的饮食，对亡者也供奉着丰厚的斋食；遇到十分紧迫的事情，或是至亲好友来访，他们却认为没有接见的道理：他们是不明白礼的本质啊！

《颜氏家训》是一部系统完整的家庭教育教科书，是作者关于立身、治家、处世、为学的经验总结，在传统中国的家庭教育史上影响巨大，享有"古今家训，以此为祖"（王三聘《古今事务考》）的美誉。清人王钺在《读书丛残》中说："北齐黄门颜之推《家训》二十篇，篇篇药石，言言龟鉴，凡为人子弟者，当家置一册，奉为明训，不独颜氏。"

思考寄语

风操指的是士大夫的风度节操。作者以传统经学对礼的规定为出发点，结合当时的社会情况，对孝、避讳等士大夫待人接物要注意的问题展开论述。我们讲究风度节操是必需的，应该是发自内心的，片面讲究和自欺欺人都是不可取的。

20 礼记·哀公问（节选）

诵读主体

哀公问于孔子曰："大礼何如？君子之言礼，何其尊也？"孔子曰："丘也小人，不足以知礼。"君曰："否。吾子言之也！"孔子曰："丘闻之：民之所由生，礼为大。非礼无以节事天地之神也，非礼无以辨君臣、上下、长幼之位也，非礼无以别男女、父子、兄弟之亲，昏姻疏数之交也。君子以此之为尊敬然。然后以其所能教百姓，不废其会节。有成事，然后治其雕镂、文章、黼黻以嗣。其顺之，然后言其丧算，备其鼎俎，设其豕腊，修其宗庙，岁时以敬祭祀，以序宗族，即安其居，节丑其衣服，卑其宫室，车不雕几，器不刻镂，食不贰味，以与民同利。昔之君子之行礼者如此。"

知人论世

《哀公问》在《礼记》中排列第二十七。

哀公，春秋末年与孔子同时代的鲁国君主，姓姬，名蒋。本篇也是摘取篇首三字名篇。郑玄《目录》看法有所不同："名曰'哀公问'者，善其问礼，著谥显之也。此于《别录》属通论。"

本篇内容主要记载鲁哀公向孔子问礼和问政的事迹。其中部分内容在《孔子家语》的《问礼》和《大婚解》中出现过，只不过文字略有不同。

阅读鉴赏

译文：

鲁哀公向孔子求教，说：“礼，最基本的意思是什么？君子言礼，为何这样重要？”孔子说：“我是普通百姓，不配议论礼。”哀公说：“不，先生还是谈谈吧！”孔子说：“我听师长说，人所以能在社会生存，礼是最基本的。没有一定的礼制仪节，就不可能合适地侍奉天地神灵；没有一定的礼制仪节，也不可能区别君臣、上下、长幼之间合适的位置；没有礼制仪节，也不可能区别男女、父子、兄弟之间的疏远尊卑，也不可能处理婚姻及人与人之间的交往与疏远。君子由此而明白礼的重要。然后以自己所能去教育百姓，使人们不废止各类祭祀活动。等到有了效果，然后再在建筑及其雕刻各类旗帜的形状及花纹，服饰的图案等方面，（分别尊卑、上下的等级差别）推行顺利，然后又考虑丧祭月数、日数的安排，准备鼎俎等祭器，猪、腊等祭品；并修宗庙及四时祭奠表达敬意；（区别昭穆）以序宗族；以此使人们各安其分。（在这个前提下）注重服饰美俭的适度，宫室的节俭以及车具不雕琢、器物不雕刻、饮食不多味，用来与民同利。从前君子仁人的行礼就是这样。”

中国是礼仪之邦，为人讲究彬彬有礼，交际注重礼尚往来，理想社会追求的是“礼之用，和为贵”（《论语·学而》），礼的广泛应用，是中华文化的特色，是三千年来累积而成的优秀文化传统。

思考寄语

我们今天读《礼记》，主要是吸收其礼学的思想，以及蕴含其中的儒家学说和一些具体的礼仪规范。这些基本的礼仪规范，是我们当今社会应该具备的。

21 我们的中国

诵读主体

我们的中国，
我们的中国！
是你在召唤我们么？
是的，我们来，
我们将放下一切而来！

我们的中国，
我们的中国！
是谁将你的光荣蔑辱？
我们的刀将为你而拔，
我们的生命将为你而舍弃。

我们的中国，
我们的中国！
那张忧郁悲闷的脸是你的么？
不，不，你将不再颓唐自放！
我们将为你除去了一切忧闷之源。

我们的中国，
我们的中国！
是你这样的瘠弱，贫困么？
我们将为你而工作，工作，工作，
直到你恢复你的强健与富饶。

我们的中国，
我们的中国！
是你在召唤我们么？

是的，我们已准备了，
我们将放下了一切而来！

知人论世

郑振铎（1898—1958），笔名西谛、郭源新等，原籍福建长乐，生于浙江温州，著名作家、文学史家。1917年，入北京铁路管理传习所。1919年，参加五四运动并开始发表作品。1921年，与茅盾等发起成立文学研究会，同年到商务印书馆任编辑。1923年后，主编《小说月报》。1931年起，历任燕京大学、暨南大学等校教授。全面抗日战争时期在上海从事进步文艺工作。1945年后，主编《文艺复兴》等杂志。中华人民共和国成立后任第一、二届全国政协常委，文化部副部长，国家文物局局长等职。1958年，在出访途中因飞机失事遇难。主要著作编入《郑振铎全集》《郑振铎文集》等。

阅读鉴赏

这首诗创作于1925年五卅运动时期。

1925年5月30日，震惊中外的五卅运动在上海爆发，并很快席卷全国。五卅运动是在中国共产党领导下的群众性反帝爱国运动，是中国共产党直接领导的以工人阶级为主力军的中国人民反帝革命运动，标志着国民大革命高潮的到来。在这样的历史背景下，郑振铎创作了《我们的中国》这首诗，抒发了作者愿意放下一切，献身祖国的豪情。

在第一段，“放下一切而来”体现了诗人的勇敢无畏，面临党和国家的召唤，他不辞辛劳，勇敢前行。在第二段，面对敌对者对国家的辱蔑，诗人义正词严，甘愿拔刀，舍命也要为国家正名，文人亦有铁将风骨。面对祖国在发展过程中的困境，诗人以积极乐观的心态，坚定“除去一切忧闷之源”“恢复强健与富饶”的爱国信念，投入祖国的建设中去。他认为祖国的面貌不应该是忧郁的、瘠弱的、贫困的，祖国必须自振，国人必须奋起。在全诗中“我们的中国”回环往复，重复出现，这是诗人对祖国最质朴的歌颂，是一个爱国者对祖国最热烈的告白，是一个中国人对祖国最深情的呢喃……最后一段，“是你在召唤我们么？我们已准备了，我们将放下了一切而来”！与第一段首尾呼应，表达了诗人甘愿放下一切报效祖国的坚定决心。

思考寄语

爱国主义是中华民族精神的核心。我们伟大的祖国，“上下五千年，英雄万万千”。近代以来，更有无数民族英雄、爱国志士，为民族独立、解放统一，为实现国家的富强、民族的复兴，而前赴后继、奋斗不息。中国，正因为有了这些放下一切而来的人，才逐渐有了今天的日益强大。如今，实现中华民族伟大复兴的中国梦，落在了我们青年一代的肩上，我们每个青年人要肩负起责任，共同努力，砥砺奋进！

22 孔子尽礼

诵读主体

周，鲁，孔子幼嬉戏，设礼容。适周，问礼于老聃。仕鲁，摄行相事，事君尽礼。入太庙，每事问。从而祭，膰肉不至，遂行。过宋，与弟子习礼树下，燕居，申申夭夭，温而厉，威而不猛，恭而安。席不正不坐，割不正不食。

孔子为三代完人，所尽不仅礼也，惟礼教以周孔为尊。周公制礼，孔子定礼，而礼教得以大明。以天纵之圣，犹问礼于老聃，且入太庙，每事必问。子贡欲去告朔饩羊，犹曰：“我爱其礼。”故为万世之师也。

知人论世

孔子（前551—前479），名丘，字仲尼，春秋时期鲁国（今山东）人，中国古代伟大的思想家、政治家、教育家，儒家学派创始人。

孔子倡导仁义礼智信，曾带领部分弟子周游列国十四年，晚年修订《诗》《书》《礼》《乐》《易》《春秋》六经。去世后，其弟子及再传弟子把孔子及其弟子的言行语录和思想记录下来，整理编成《论语》，该书被奉为儒家经典。

阅读鉴赏

周朝时候，鲁国出了个大圣人，就是后来妇孺皆知的大思想家孔子。孔子生性喜欢礼仪，在年幼嬉戏之时，就喜欢陈设礼器，模仿行礼的仪容举止。到了周朝，他认真地向名士老子请教礼的问题。后来，孔子在鲁国做了司寇（司寇：官名，掌刑狱、纠察等事），他侍奉君王严格按礼节行事。每次走进周公的太庙，事事都虚心向人请教，生怕自己有失礼的地方。一次，他跟随鲁国国君举行祭礼，但分祭肉时，却没有给孔子一份，孔子因为他们的无礼，很快就离开了鲁国。路过宋国时，他和一班弟子在大树下练习礼节，孔子和颜悦色，神情安详，看起来温文尔雅，但温和中不失威严；他外表恭谨，内心却安泰自然，见过的人都说他内外兼修，有礼有仪。孔子凡事都按礼节去做，就是遇到席子放得不正，也不会去坐；切得不方正的肉，也不肯吃。

孔子是夏商周三代的杰出人物，他天生聪颖，具有圣人之资，但谦虚恭谨，凡事都虚心向人请教，每次走进太庙，事事都向别人学习，他不仅尽礼，还谦让宽容，所以被人们尊为圣人。

思考寄语

孔子的礼仪形象是美好的。“礼之用，和为贵。”（《论语·学而》）“不学礼，无以立。”（《论语·季氏》）他不仅把“礼”看成一种具体仪式，而且当作和谐社会、立身处世的要件。“礼仪之邦”的说法就始于孔子。

23 一句话

诵读主体

有一句话说出就是祸，
有一句话能点得着火。
别看五千年没有说破，
你猜得透火山的缄默？
说不定是突然着了魔，
突然青天里一个霹雳
爆一声：
“咱们的中国！”

这话教我今天怎么说？
你不信铁树开花也可，
那么有一句话你听着：
等火山忍不住了缄默，
不要发抖，伸舌头，顿脚，
等到青天里一个霹雳
爆一声：
“咱们的中国！”

知人论世

闻一多（1899—1946），原名闻家骅，字友三、友山，笔名一多，湖北浠水人，著名诗人、学者，爱国民主人士。1912年，考入清华留美预备学校。1922年，留学美国。1925年回国后，历任北京艺术专科学校教务长、南京国立中山大学外文系主任、青岛大学教授、武汉大学文学院院长兼国文系主任、清华大学中文系主任等职。全面抗日战争时期，任西南联大教授，积极从事抗日救亡和民主运动。1944年，加入中共组织的西南文化研究会，同年加入中国民主同盟，反对国民党反动反人民的内战。1946年7月15日，被国民党特务暗杀。著作由朱自清等编为《闻一多全集》。

阅读鉴赏

1925年6月初，闻一多从美国留学归来。他满怀报国之志，迎接他的却是“五卅”时帝国主义屠杀中国工人的血痕。他对祖国的贫穷落后深感痛心，一片爱国之情，促使他写下这首激情洋溢的诗。这首诗后来编入他1928年出版的诗集《死水》中。

本诗的题目是“一句话”，诗人想要表达的思想内涵也是这“一句话”。这究竟是怎样的“一句话”呢？这个悬念紧紧抓住了读者的心。诗的第一节中提到，这句话能带来“祸”，这句话能点着“火”，它缄默了五千年，一下子“说破”，强烈的对比加深了悬念，引起人们情感的震动。有了这样强烈夸张的铺垫，一旦“咱们的中国”这句话突然爆出，读者便会同诗人一起为这一句话而感到震惊和兴奋。诗的第二节，悬念已落，诗人转而用“你可以不信……但你必须相信”这样的句式，将铁树开花的稀罕与“一句话”的真实性进行大跨度的对比，从而进一步增添了“一句话”的力度。诗人自己曾说“火烧得我痛”，不论多少年之后，再吟诵这首诗时，我们都能真切地感受到诗人心中的这团爱国烈火和为“咱们的中国”献身的决心。

思考寄语

祖国不是一个抽象的概念，爱国不是一个空洞的口号。每个人都是一个“小我”，无数个“小我”融汇成祖国、人民这个“大我”。“小我”只有融入“大我”之中，才能跟上时代的步伐，才能实现更高的人生价值。祖国的发展和强大，要靠我们这无数个“小我”的共同努力奋斗。

24 做人与处世

诵读主体

一个人活在世界上，必须处理好三个关系：第一，人与大自然的关系；第二，人与人的关系，包括家庭关系在内；第三，个人心中思想与感情矛盾与平衡的关系。这三个关系，如果能处理得好，生活就能愉快；否则，生活就有苦恼。

人本来也是属于大自然范畴的。但是，人自从变成了“万物之灵”以后，就同大自然闹起独立来，有时竟成了大自然的对立面。人类的衣食住行所有的资料都取自大自然，我们向大自然索取是不可避免的，关键是怎样去索取。索取手段不出两途：一用和平手段，一用强制手段。我个人认为，东西文化之分野，就在这里。以往的人们对待大自然的基本态度或指导思想是“征服自然”，用一句现成的套话来说，就是用处理敌我矛盾的方法来处理人与大自然的关系。结果呢，从表面上看上去，人们是胜利了，大自然真的被他们征服了。自从产业革命以后，人们屡创奇迹。楼上楼下，电灯电话。大至宇宙飞船，小至原子，无一不出自“征服者”之手。

然而，大自然的容忍是有限度的，它是能报复的，它是能惩罚的。报复或惩罚的结果，人皆见之，比如环境污染，生态失衡，臭氧层出洞，物种灭绝，人口爆炸，淡水资源匮乏，新疾病产生，如此等等，不一而足。这些弊端中哪一项不解决都能影响人类生存的前途。我并非危言耸听，现在全世界人民和政府都高呼环保，并采取措施。古人说：“失之东隅，收之桑榆。”犹未为晚。

对待大自然的态度或哲学基础应是“天人合一”。宋人张载说得最简明扼要：“民吾同胞，物吾与也。”“与”的意思是伙伴。我们把大自然看作伙伴。可惜我们的行为没能跟上。在某种程度上，也采取了“征服自然”的办法，结果也受到了大自然的报复，如大自然中的洪涝灾害不是很能发人深省吗？

至于人与人的关系，我的想法是：对待一切善良的人，不管是家属，还是朋友，都应该有一个两字箴言：一曰真，二曰忍。真者，以真情实意相待，不允许弄虚作假。对待坏人，则另当别论。忍者，相互容忍也。日子久了，难免有点磕磕碰碰。在这时候，头脑清醒的一方应该能够容忍。如果双方都不冷静，必致因小失大，后果不堪设想。唐朝张公艺的“百忍”是历史上有名的例子。

至于个人心中思想感情的矛盾，则多半起于私心杂念。解之之方，唯有消灭私心，学习诸葛亮的“淡泊以明志，宁静以致远”，庶几近之。

1998年11月17日

知人论世

季羡林（1911—2009），山东清平（今临清市）人。1930年，考入国立清华大学西洋文学系，1934年毕业。1935年秋，入德国哥廷根大学主修印度学，先后掌握了梵文、巴利文、佛教混合梵文、吐火罗文等古代语言，在德国期间，发表论文多篇，获得国际学术界高度评价。1941年，获哲学博士学位，1946年回国，任北京大学教授兼东方语言文学系主任。中华人民共和国成立后任原职。1956年，当选中国科学院哲学社会科学部学部委员。1978年，兼任北京大学副校长、中国社会科学院与北京大学合办的南亚研究所所长。1984年，研究所分设，改任北京大学南亚东南亚研究所所长。1978年后，还先后担任过中国外国文学学会会长、中国南亚学会会长、中国民族古文学学会名誉会长、中国语言学会会长、中国敦煌吐鲁番学会会长等。

季羡林先生的主要学术研究领域为古代佛教历史、中亚古代语文、中印文化交流史、比较文学、敦煌学等，在翻译和散文创作上也有相当的成就。其代表作有24卷本《季羡林文集》，主持编纂有《四库全书存目丛书》《传世藏书》《神州文化集成》《东方文化集成》等大型丛书。

阅读鉴赏

一代学术宗师季羡林先生，道德高尚，学问渊深，文章亦足以动人。

季老一生致力于学术研究，他的学术成就举世认可，然而他充满智慧的做人处世态度更为世人所景仰。季老论人生，信笔拈来，娓娓道出，以近乎于期颐之历练与心态，平和面对人世间的种种苦难，深于情，而不矫揉造作；明于理，而以平实朴素笔调发之，可给人以启迪与心灵的抚慰。

思考寄语

自古至今，人们都在探求如何做人的问题。做人并不是简简单单地过自己的生活，而是一门高深的学问。无论是什么人，都需要遵循一定的做人之道。如何做人，如何处世，读完这篇文章，或许可以带给同学们一些做人处世的思考。

业道酬精　职场赢家

1 弈秋诲棋

诵读主体

弈秋，通国之善弈者也。使弈秋诲二人弈，其一人专心致志，惟弈秋之为听。一人虽听之，一心以为有鸿鹄将至，思援弓缴而射之，虽与之俱学，弗若之矣。为是其智弗若与？曰：非然也。

知人论世

本文节选自《孟子·告子上》。孟子，名轲，字子舆，邹国（今山东邹城东南）人，战国时期哲学家、思想家、政治家、教育家，是孔子之后、荀子之前的儒家学派的代表人物，与孔子并称“孔孟”。

孟子宣扬“仁政”，最早提出“民贵君轻”的思想，被韩愈列为先秦儒家继承孔子“道统”的人物，后被追封为“亚圣”。

孟子的思想主要体现在《孟子》一书中，由孟子及其弟子共同编写而成，记录了孟子的语言、政治观点和政治行动，属于儒家经典著作。此书不仅是儒家的重要学术著作，也是中国古代极富特色的散文专集。其文气势充沛，感情洋溢，逻辑严密；既滔滔雄辩，又从容不迫。用形象化的事物与语言，说明了复杂的道理。其形式上虽然没有脱离语录体，但相比于《论语》有了很大的发展。对后世散文家韩愈、柳宗元、苏轼等影响很大。《孟子》中有多篇语段选入语文教科书，如《得道多助，失道寡助》《鱼我所欲也》等。

阅读鉴赏

译文：

弈秋，是全国善于下棋的人。让他教两个徒弟学习下棋，其中一个徒弟专心致志，一心一意只听弈秋的话；另一个人虽然也在听讲，心里却老想着有天鹅将要到达，想着要拉开弓将它射下，虽然和另一个人一起跟弈秋学习，却比不上人家。难道是他的智商比不上另一个人吗？事实上不是这样的。

弈秋是当时诸侯列国都知晓的棋手，棋艺高超。由于弈秋棋术高明，当时就有很多青年想拜他为师，弈秋收了两个学生。他们二人，同是师出名门，可技艺却大相径庭。同学们进入校门，同样的学习环境，将来踏上工作岗位，相同的工作环境。而三五年之后，知识的积累却是大相径庭、千差万别，原因何在？原因就是用心不同，专心致志与心不在焉，前者突飞猛进，后者荒废光阴，差别就在于一个“专”字。

思考寄语

专注力的训练可以找张舒服的椅子，放松身体，开始静坐5分钟，再10分钟、15分钟，保持思想清静。这个练习，可以利用课前、坐车、坐在家里的碎片时间来练习。特别是在每次开始学习前，进行3~5分钟的练习，同时认识到学习的重要性、保持对知识的好奇心，以恭敬的心态进入每次学习，进入专注的状态，用高度集中的注意力，面对要做的任何事，而换来的就是效率的全面提升！

2 邓亚萍的故事

诵读主体

童年的邓亚萍，立志做一名优秀的运动员。但是她个子矮，手脚粗短，根本不符合体校的要求，她被关到了体校的门外。倔强的邓亚萍没有气馁，年幼的邓亚萍跟父亲学起了乒乓球，她每天在练完体能课后，必须还要做100个发球接球的动作。那时邓亚萍只有七岁，但为了能使自己的球技更加熟练，基本功更加扎实，便在自己的腿上绑上了沙袋。腿肿了！手掌磨破了！——这是家常便饭！但她从不叫苦，不喊累！

据教练张燮林统计，邓亚萍每天训练很刻苦，每节训练课下来，汗水都湿透了邓亚萍的衣服、鞋袜，有时甚至连地板也会浸湿一片，不得不换衣服、鞋袜，甚至换球台再练。长时间从事大运动量、高强度的训练，从颈到脚，邓亚萍身体很多部位都是伤病。为对付腰肌劳损，她不得不系上宽宽的护腰，膝关节脂肪垫肿、踝关节几乎长满了骨刺，平时只好忍着，实在痛得厉害了就打一针封闭，脚底磨出了血泡，就挑破它再裹上一层纱布接着练。就算是伤口感染，挤出脓血也要接着练。皇天不负有心人，先天条件一般的邓亚萍，先后获得了150余枚国内外乒乓球比赛奖牌！

知人论世

邓亚萍，1973年2月6日生于河南省郑州市，祖籍湖南省邵阳市新宁县，原中国女子乒乓球队运动员，世界冠军、奥运冠军，乒乓球大满贯得主，现为河南邓亚萍体育产业投资基金创始人。

5岁时，邓亚萍开始打乒乓球，1988年，正式进入国家队。1989年，年仅16岁的邓亚萍首次参加世乒赛就夺得女双冠军。1992年巴塞罗那奥运会，邓亚萍作为中国队的绝对主力，夺得女子单、双打两枚金牌。1996年亚特兰大奥运会，邓亚萍复制了四年前的奇迹，成为中国奥运历史上第一个夺得四枚奥运金牌的运动员。1998年9月，邓亚萍宣布退役。邓亚萍在整个运动生涯中，共拿到18个世界冠军，她在乒坛排名连续8年保持世界第一，是乒乓球史上排名“世界第一”时间最长的女运动员。

阅读鉴赏

人不仅有眼前的苟且，还有诗和远方。如果人生是一次航行，那么理想就是它的航向。没有理想，任何风浪都是逆风。正如塞内卡所言：“如果我不知道要驶向哪个港口，就没有任何风向适合我。”也就是说，人生认准方向很重要，向着这个目标不断努力，成为你想成为的人！

思考寄语

从人生实践来看，如何把理想转化为现实呢？理想之所以称为理想，是因为它是人们对未来生活的一种设想，而并非现实。理想与现实之间是有着一定差距的，但是它又与现实有着一定的联系，它基于现实之上，以现实为基础，制订调整出可行的计划，建立自我奖惩机制，抓住人生的每次机遇与挑战，在实践中历练自己，总结、矫正、提高。在实践的土壤中让理想的种子生根发芽，枝繁叶茂，结出累累硕果。

3 生如胡杨

诵读主体

朋友，让我们穿越亘古的洪荒，
穿越钢筋水泥筑就的屏障，
一起去大漠，去跪拜千年不死，
千年不倒，
千年不朽的胡杨。
你看那戈壁荒漠，沙砾飞扬；
你听那风沙呼啸，肆虐持强。
而胡杨却在沙漠上站成了一道永恒的风景，
一座永恒的雕像。
他孤独的承接来自荒漠的风剑刀霜，
用无悔的守望，执着地生长生命的渴望。
他努力的深扎根系，努力的繁衍梦想。
他高昂着枯竭而扭曲的肢体仰天高歌，
与自然，与生死较量。

用自己感天动地的悲壮，
昭示生命的律动，
生命的坚强和生命的歌唱。
你也许在为患得患失黯然神伤，
你也许在奔波的路上迷失了心海的方向，
你也许在物欲横流中浮躁了深邃的思想，
你也许在世俗的纷扰中无法抑制膨胀的欲望，
那你就来大漠吧，来看一看寸草不生的戈壁滩，
看一看生长在戈壁滩上高傲的胡杨。
你会瞬间悟出，生命不在于昼短夜长，
而是每个章节都要尽显英雄气概，尽显精彩和辉煌。
都要活得筋骨铮硬，
都要活得凛然豪放。
也许有一天，胡杨也会倒成一弯古道，
一抹斜阳，但胡杨不倒的精神，
永远会激励我们的英勇顽强。
永远会激发我们挑战苦难，战胜命运的勇气和力量。
朋友，
让我们用胡杨撑起的希望，
对抗风霜，
对抗雨雪，
对抗生的迷茫，
对抗死的恐慌。
做人当——
生如胡杨——千年不死！
死如胡杨——千年不倒！
倒如胡杨——千年不朽！

知人论世

阿紫，中国当代诗人、词作家、朗诵表演艺术家。世界物联网大会新闻发言人兼任文化教育产业中心主任、中华儿童文化艺术促进会专家委员会委员、中华文化促进会朗读专业委员会副秘书长。中国侨联、北京妇联文化项目“我为

母亲写首诗”发起人。2016年，获中国诵读文学贡献奖。全国职工电化教育艺术培训专家、中国花样少年语言艺术大赛评审专家委员会委员、“全民悦读”倡导大使、山东省当代艺术教育中心特约研究员等。迄今为止，是国内外举办诗歌专场朗诵会最多的中国诗人。代表作品有《生如胡杨》《趁父母还在》《读中国》《新愚公移山》《英雄》等，均已成为脍炙人口的经典名篇。

阅读鉴赏

胡杨，又称胡桐，为杨柳科落叶乔木。胡杨是生长在沙漠的唯一乔木树种，且十分珍贵，可以和有“植物活化石”之称的银杏树相媲美。“胡杨生而千年不死，死而千年不倒，倒而千年不烂。”胡杨生长在最恶劣、最残酷的气候环境之中，它是一种极为神奇的群体，生长在沙漠，它们耐寒、耐热、耐碱、耐涝、耐干旱，有着很强的生命力。胡杨用不屈不挠的身躯阻挡了沙暴对绿洲的侵袭，组成一条雄伟壮阔的绿色长廊，创造了“丝绸之路”的文明。

据统计，世界上的胡杨绝大部分生长在中国，而中国90%以上的胡杨又生长在新疆的塔里木河流域。目前，被誉为世界最古老、面积最大、保存最完整、最原始的胡杨林保护区则在轮台县境内，每年都吸引了世界各地成千上万的游客来此观瞻和考察。

《生如胡杨》被多位演讲家、播音员朗诵，如播音员于芳（中央人民广播电台中国之声首席播音员、中央台首届十佳播音员主持人之一）的朗诵版本，气势恢宏、震撼心灵。

思考寄语

胡杨，是一亿三千万年前遗下的最古老树种，只生在沙漠，能在40℃烈日中娇艳，也能在-40℃严寒中挺拔。胡杨“生长千年不死，死后千年不倒，倒后千年不朽”，被称为“死亡之海”沙漠的生命之魂。胡杨深根大地、绝不放弃、坚韧顽强，胡杨是精神力量之树，同学们当以胡杨自励，克服困境、挑战自我、勇于攀登、创造辉煌。

4 触龙说赵太后

诵读主体

赵太后新用事，秦急攻之。赵氏求救于齐，齐曰："必以长安君为质，兵乃出。"太后不肯，大臣强谏。太后明谓左右："有复言令长安君为质者，老妇必唾其面。"

左师触龙言愿见太后。太后盛气而揖之。入而徐趋，至而自谢，曰："老臣病足，曾不能疾走，不得见久矣，窃自恕。恐太后玉体之有所郄也，故愿望见。"太后曰："老妇恃辇而行。"曰："日食饮得无衰乎？"曰："恃粥耳。"曰："老臣今者殊不欲食，乃自强步，日三四里，少益耆食，和于身。"曰："老妇不能。"太后之色少解。

左师公曰："老臣贱息舒祺，最少，不肖；而臣衰，窃爱怜之。愿令得补黑衣之数，以卫王宫，没死以闻。"太后曰："敬诺。年几何矣？"对曰："十五岁矣。虽少，愿及未填沟壑而托之。"太后曰："丈夫亦爱怜其少子乎？"对曰："甚于妇人。"太后笑曰："妇人异甚。"对曰："老臣窃以为媪之爱燕后贤于长安君。"曰："君过矣！不若长安君之甚。"左师公曰："父母之爱子，则为之计深远。媪之送燕后也，持其踵为之泣，念悲其远也，亦哀之矣。已行，非弗思也，祭祀必祝之，祝曰：'必勿使反。'岂非计久长，有子孙相继为王也哉？"太后曰："然。"

左师公曰："今三世以前，至于赵之为赵，赵王之子孙侯者，其继有在者乎？"曰："无有。"曰："微独赵，诸侯有在者乎？"曰："老妇不闻也。""此其近者祸及身，远者及其子孙。岂人主之子孙则必不善哉？位尊而无功，奉厚而无劳，而挟重器多也。今媪尊长安之位，而封以膏腴之地，多予之重器，而不及今令有功于国。一旦山陵崩，长安君何以自托于赵？老臣以媪为长安君计短也，故以为其爱不若燕后。"太后曰："诺，恣君之所使之。"

于是为长安君约车百乘质于齐，齐兵乃出。

子义闻之曰："人主之子也、骨肉之亲也，犹不能恃无功之尊、无劳之奉，以守金玉之重也，而况人臣乎！"

知人论世

本文选自《战国策》，编者刘向。《触龙说赵太后》一文开篇就描绘了一个气氛极为紧张的局面：赵君新亡，秦兵犯赵，赵求助于齐，齐要长安君作人质。爱子心切的赵太后不肯让儿子去冒这个风险，严词拒绝了大臣们的强谏，并声称“有复言令长安君为质者，老妇必唾其面！”

在这样剑拔弩张的情况下，触龙的谏说显然要困难许多。他深知要想说服赵太后，就必须让她明白“父母之爱子，则为之计深远”的道理。然而，若从正面去讲道理，则不但无济于事，反而还会自取其辱。因此，必须顺着太后溺爱长安君的心理因势利导，巧说妙谏。

在争取到面见太后的机会后，触龙先用缓冲法关切地询问太后的起居饮食，并絮絮叨叨地与她谈论养生之道，使本来“盛气而揖之”、戒备心极强的太后“色少解”。这样，就从感情上消除了太后的逆反心理和敌对情绪，为进谏的成功拆除了第一道屏障。接着，触龙用引诱法恳切地为自己的幼子舒祺请托，以期让太后产生共鸣，从而引出她的心事。果然很快就勾起了太后的爱子之情。在她看来，触龙简直可以算得上同病相怜的“知己”了。她不仅“笑曰”了，而且饶有趣味地与触龙争论谁更疼爱幼子的问题，开始毫不掩饰地向触龙坦露心迹了。这就为下一步谈论如何爱子的话题奠定了基础。

触龙抓住契机，引出太后爱燕后的话题。女儿远嫁，长期不见，而出于一个君主的威严又不能提起，这是一个母亲埋在内心的隐痛。有人提起，对太后是个释放郁结的机会，当然也就愿意听了。触龙说起燕后远嫁，太后曾为她“泣”“哀”“思”，可每到祭祀却祝：“必勿使反。”借此提出“父母之爱子，则为之计深远”的命题。然后把太后为燕后长远打算的爱与为长安君短浅计议的爱作比较，并由远及近地提出帝王的子孙并不是都不好，而祸及其身是因为“位尊而无功，奉厚而无劳”所致。最后直指：“今媪尊长安之位，而封以膏腴之地，多予之重器，而不及今令有功于国。一旦山陵崩，长安君何以自托于赵。”话说到这里，太后已心服口服了。触龙劝谏的使命圆满完成。他俩在长安君质齐问题上达成共识，心与心在同心点上重合了。

触龙的谏说自始至终未有一语提及“令长安君为质”，而太后情不自禁地说出“恣君之所使之”，同样没有直接说派长安君入质于齐的话，与触龙的精彩说辞彼此配合，相映成趣。双方心照不宣，达成默契，丝毫不显尴尬。文末用“于是为长安君约车百乘，质于齐，齐兵乃出”作结，使首尾圆合，结构谨严，同时也增强了故事的喜剧色彩，彰显了触龙谏说的卓著成效。

触龙的攻心术，使赵太后从抵触到对撞再到接纳，最后到契合，始终未提长安君质齐这个话题。可听了触龙一席话后，太后主动要求触龙派遣长安君使齐为质。看似无心插柳，实则是以情动人，这就是智者的风采与魅力。

阅读鉴赏

《触龙说赵太后》是《战国策》中的名篇。主要讲述了战国时期，秦国趁赵国政权交替之际，大举攻赵，并已占领赵国三座城市。赵国形势危急，向齐国求援。齐国一定要赵威后的小儿子长安君为人质，才肯出兵。赵威后溺爱长安君，执意不肯，致使国家危机日深。

本文写的就是在强敌压境，赵太后又严厉拒谏的危急形势下，触龙因势利导，以柔克刚，用“爱子则为之计深远”的道理，说服赵太后，让她的爱子出质于齐，换取救兵，解除国家危难的故事，歌颂了触龙以国家利益为重的品质和善于做思想工作的才能。

思考寄语

怎样的说服才是有效沟通？无论是商务谈判还是日常工作，平庸的劝说者是开门见山提出要求，结果发生争执，陷入僵局；而优秀的劝说者则首先建立信任和同情的气氛。如果主人为某事烦恼，你就说：“我理解你的心情，要是我，我也会这样。”这样就显示了对别人感情与处境的尊重。以后谈话时，对方也会对你的处境与观点加以关注。当然，优秀的劝说者也不总是一帆风顺的。他也会遭到别人的反对。这时，睿智的劝说者往往会重新陈述对方的意见，认真考虑它的优点，然后整理出更全面、更适合彼此的意见，求同存异，合作共赢。在下结论前，呈示双方的观点，要比只讲自己的观点更有说服力。

5 墨池记

诵读主体

临川之城东，有地隐然而高，以临于溪，曰新城。新城之上，有池洼然而方以长，曰王羲之之墨池者。荀伯子《临川记》云也。羲之尝慕张芝，临池学书，池水尽黑，此为其故迹，岂信然邪？

方羲之之不可强以仕，而尝极东方，出沧海，以娱其意于山水之间。岂其徜徉肆恣，而又尝自休于此邪？羲之之书晚乃善，则其所能，盖亦以精力自致者，非天成也。然后世未有能及者，岂其学不如彼邪？则学固岂可以少哉！况欲深造道德者邪？

墨池之上，今为州学舍。教授王君盛恐其不章也，书"晋王右军墨池"之六字于楹间以揭之。又告于巩曰："愿有记。"推王君之心，岂爱人之善，虽一能不以废，而因以及乎其迹邪？其亦欲推其事，以勉其学者邪？夫人之有一能，而使后人尚之如此，况仁人庄士之遗风余思，被于来世者何如哉！

庆历八年九月十二日，曾巩记。

知人论世

曾巩（1019—1083），字子固，江西抚州南丰人，出生于建昌南丰（今江西南丰），后居临川，北宋文学家、史学家、政治家。曾巩为政廉洁奉公，勤于政事，关心民生疾苦，与曾肇、曾布、曾纡、曾纮、曾协、曾敦并称"南丰七曾"。曾巩文学成就突出，其文"古雅、平正、冲和"，位列"唐宋八大家"，世称"南丰先生"。

《墨池记》是曾巩创作的一篇散文。本文从传说中王羲之墨池遗迹入笔，巧妙机智地借题发挥，撇下"墨池"之真假不着一言，而是重点论及王羲之本人，说明王羲之的成功取决于其后天的不懈努力，顺理成章地强调了学习的重要性。全文通过记叙、议论的交替出现，显示出不断起伏的层层波澜，突出主题，实为一篇文情并茂、议论风生、结构谨严而又笔法活脱的优秀作品。

阅读鉴赏

本文看似一篇寻访古迹的古代散文，实则是一篇说理的小品。第一自然段简介了墨池的地理位置、来历等，临川的城东，有块幽深而秀美的高地，而且下临山溪，叫作新城，新城的上面，有个凹下去的既方又长的池子，有人说这就是王羲之的墨池，荀伯子的《临川记》上记载过。王羲之曾钦慕张芝的书法，仿效他在池边练字，（因洗笔砚）池水全变黑了，这就是墨池的遗迹，难道真是这样的吗？

由此可见，曾巩对此存有疑惑，但他并未对此详加叙述，而是借题发挥，在第二自然段中讲述王羲之的逸事，王羲之不愿勉强做官，曾经游遍东方，出游东海，以快心于山光水色之中。莫非他在尽情游览时，曾在这里停留过？又由人喻理，展开议论，王羲之的书法，到晚年才特别好。那么他能达到这步，大概也是靠他自己的精神和毅力取得的，并不是天生的。但是后代没有能够赶上他的人，是不是后人学习时下的功夫不如他呢？那么学习的功夫难道可以少下吗？何况想在道德修养上深造的人呢？本段抓住“羲之之书晚乃善”一句中的“晚”，推断“盖亦以精力自致者，非天成也”，强调后天学习的重要性，自然引出“学岂可少”的主旨，真可谓以小见大，言近旨远。

文章第三自然段，由理转为写作缘由，墨池的旁边，现在是抚州州学的校舍，教授王盛先生担心墨池不能出名，写了“晋王右军墨池”六个字挂在屋前两柱之间，又请求曾巩说：“希望有一篇墨池记。”推测王先生的用心，是不是喜爱别人的优点，即使是一技之长也不让它埋没，因而推广到王羲之的遗迹呢？莫非也想推广王羲之的事迹来勉励那些学员吧？一个人有一技之长，就能使后人像这样尊重他；何况那些品德高尚、行为端庄的人，遗留下来令人思慕的美好风范，对于后世的影响那就更不用说了！道出“其亦欲推其事，以勉其学者邪”的缘由，提出“况仁人庄士之遗风余思，被于来世者何如哉”思想，朴实无华而委婉含蓄，引人深思。

思考寄语

职业教育要培养更多高素质技术技能人才、能工巧匠、大国工匠，掌握一技之长，并为之不懈努力，刻苦钻研，未来前途广阔，大有可为，也必将大有作为。

6 关尹子教射

诵读主体

列子学射，中矣。请于关尹子。尹子曰："子知子之所以中者乎？"对曰："弗知也。"关尹子曰："未可。"退而习之。三年，又以报关尹子。尹子曰："子知子之所以中乎？"列子曰："知之矣。"关尹子曰："可矣，守而勿失也。非独射也，为国与身亦皆如之。"故圣人不察存亡，而察其所以然。

知人论世

本篇是一个历史典故、寓言故事，选自《列子·说符》。列子名御寇，战国时郑国人。《列子》，道家著作。相传为列御寇所著，其中保存了许多先秦时代优秀的寓言故事、民间故事和神话传说。

阅读鉴赏

本文是一篇比较浅显的文言文，可以将其分为两部分。第一部分是讲列子学射箭，偶然射中了靶子，就去请教老师关尹子，问是否学得差不多了。关尹子问他，是否知道射中的道理，列子不能回答，关尹子告诉他，不知道为什么射中，还不算学会射箭。

第二部分内容是，列子回去刻苦练习，三年后，再去请教关尹子。关尹子又问他，是否知道了为什么射中靶子，列子说知道了。关尹子说，现在可以了。掌握之所以能射中的规律，严格要求自己，就能每发必中。不单单是射箭，治理国家以及自我修养，都要像这个样子。所以圣人不是着重看国家的兴亡，而是透过这一现象，着重看国家之所以兴亡的原因。

全文仅133字，却阐释了深刻的道理。关尹子是个神箭手，不仅技术高超，教人射箭的方法也相当高明，没有直接的技术指导，而是循循善诱，引导学生自己去思考体悟，唯有知道了为什么射中，才算真正学会射箭。文末揭示出"非独射也，为国与身亦皆如之"，引导我们明白学习射箭如此，做人做事同样如此，不仅要知其然，而且要知其所以然。不能只关注事情的结果，更要关注过程，尊重规律。

思考寄语

“学而不思则罔，思而不学则殆”，只是一味地学习却不思考只会迷惑而无所得，只是思考却不学习就会精神疲倦而同样无所得。唯有像列子一样学思结合，掌握其中的规律，并运用规律勤加练习，这才是学习一项技能最有效的方法，才能学到真正的知识和技能。

7 蜀 相

诵读主体

丞相祠堂何处寻？锦官城外柏森森。
映阶碧草自春色，隔叶黄鹂空好音。
三顾频烦天下计，两朝开济老臣心。
出师未捷身先死，长使英雄泪满襟。

知人论世

《蜀相》一诗，大约为唐肃宗上元元年（760）春，杜甫初至成都时作。唐肃宗乾元二年（759）十二月，杜甫结束了为时4年的寓居秦州、同谷（今甘肃省成县）颠沛流离的生活，到了成都，在朋友的资助下，定居在浣花溪畔。成都是当年蜀汉建都的地方，城西北有诸葛亮庙，称武侯祠。唐肃宗上元元年春，杜甫探访了诸葛武侯祠，写下了这首感人肺腑的千古绝唱。

阅读鉴赏

这首诗是杜甫在漂泊西南时，为追怀诸葛亮所作。在1450首杜诗中，称颂或提到诸葛亮的，有几十首之多，以这一首名气最大。诗题不作“武侯祠”，而作“蜀相”，是有深意的；意在臧否人物，而非清代方东树《昭昧詹言》所说的“吟怀古迹”。

这首诗章法曲折婉转，自然紧凑。前两联记行写景，洒洒脱脱；后两联议事论人，忽变沉郁。自始至终，一生功业心事，只用四语括尽，不愧是如椽巨笔。全篇由景到人，由寻找瞻仰到追述回顾，由感叹缅怀到泪流满襟，顿挫豪迈，几度层折。首联“何处寻”三字为全诗赞颂、痛惜之辞预留伏笔，此为第一折。颔联以碧草、黄鹂两个特写镜头，反衬英雄悲情，此为第二折。颈联胸臆直泻，以凝练精警之语，概括诸葛武侯的千秋功业，此为第三折。经此三折，诗人方揭出末句的点睛之笔。全篇所怀者大，所感者深，凡读此篇者，莫不有雄浑沉郁之感。

这首诗借游览古迹，表达了对诸葛亮雄才大略，忠心报国的赞颂，以及对他出师未捷而身先死的惋惜。在艺术表现上，采用设问手法，以实写虚，情景交融，叙议结合，结构起承转合、层次波澜，又有炼字琢句、音调和谐的语言魅力，使人一唱三叹，余味不绝。人称杜诗“沉郁顿挫”，《蜀相》就是典型代表。

思考寄语

中华民族历来有“敬业乐群”“忠于职守”的传统，敬业是中国人民的传统美德。这首诗中“出师未捷身先死，长使英雄泪满襟”二句，意思是说，可惜出师伐魏未捷而病亡军中，常使历代英雄们对此涕泪满裳！诗人将名垂千古的诸葛亮展现在读者面前，将其敬业精神表现得淋漓尽致。希望各位中职学生，学习诸葛亮的敬业精神，勤奋、刻苦，为自己的事业尽心尽力。

8 短歌行

诵读主体

对酒当歌，人生几何！
譬如朝露，去日苦多。
慨当以慷，忧思难忘。
何以解忧？唯有杜康。
青青子衿，悠悠我心。
但为君故，沉吟至今。
呦呦鹿鸣，食野之苹。
我有嘉宾，鼓瑟吹笙。
明明如月，何时可掇？
忧从中来，不可断绝。
越陌度阡，枉用相存。
契阔谈讌，心念旧恩。
月明星稀，乌鹊南飞。
绕树三匝，何枝可依？
山不厌高，海不厌深。
周公吐哺，天下归心。

知人论世

曹操（155—220），字孟德，小字阿瞒，沛国谯县（今安徽亳州）人。东汉末年杰出的政治家、军事家、文学家，三国中曹魏政权的奠基人。

东汉末年，天下大乱，曹操以汉天子的名义征讨四方，对内消灭二袁、吕布、刘表、韩遂等割据势力，对外降服南匈奴、乌桓、鲜卑等，统一了中国北方，并实行一系列政策恢复经济生产和社会秩序。曹操在世时，担任东汉丞相，后为魏王，其子曹丕称帝后，被追尊为武皇帝，庙号太祖。

曹操精兵法，善诗歌。诗歌多抒发自己的政治抱负，并反映汉末人民的苦难生活，其诗歌多给人以气魄雄伟、慷慨悲凉之感；其散文清峻整洁，开启并繁荣了建安文学，给后人留下了宝贵的精神财富，史称建安风骨，鲁迅评价其为“改造文章的祖师”。

关于本诗的创作时间，有人认为作于汉建安元年（196）曹操迁汉献帝于许都之际，是曹操与手下心腹如荀彧等人的唱和之作。

阅读鉴赏

这首《短歌行》正像曹操的其他诗作，如《蒿里行》《对酒》《苦寒行》等一样，是政治性很强的诗作，主要是为曹操当时所实行的政治路线和政治策略服务的，然而它却完全熔铸在浓郁的抒情意境之中。诗人通过直抒胸臆和反复回旋的咏唱将苦苦思念人才和完成天下统一大业的心情表达得淋漓尽致。

全诗32句，分4节，每8句一节。第一节抒写诗人人生苦短的忧叹。作者强调他非常发愁，愁得不得了。那么愁的是什么呢？原来他是苦于得不到众多的“贤才”来同他合作，一同抓紧时间建功立业。试想连曹操这样位高权重的人都在那里为“求贤”而发愁，那该有多大的宣传作用。假如庶族地主中真有“贤才”的话，看了这些话就不能不大受感动和鼓舞。他们正苦于找不到出路呢，没有想到曹操却在那里渴求人才，于是那真正有才或自以为有才的许许多多人，就很有可能跃跃欲试，向他“归心”了。

第二节抒写诗人对贤才的渴求。原诗是写一个姑娘在思念她的爱人，“青青子衿，悠悠我心。纵我不往，子宁不嗣音？”意思是：你的衣领青青啊，总是让我如此挂念。虽然我不能去找你，你为什么不主动给我音信？曹操由于事实上不可能一个一个地去找那些贤才，所以他使用这种含蓄的话来提醒他们，希望贤才主动来归。他这种深细婉转的用心，在《求贤令》之类的文章中当然无法尽情表达；而《短歌行》作为一首诗，就能抒发政治文件所不能抒发的感情，起到政治文件所不能起的作用。本来在《诗经》中，“君”只是指一个具体的人；而在这里则具有了广泛的意义：在当时凡是读到曹操此诗的“贤士”，都可以自认为他就是曹操为之沉吟《子衿》一诗的思念对象。

第三节抒写诗人对贤才难得的忧思和既得贤才的欣喜。“明明如月，何时可掇？”“明月”，比喻人才。“掇”，拾取，摘取。意思是：贤才有如天上的明月，我什么时候才能摘取呢？“忧从中来，不可断绝。”由于求才不得，内心不禁产生忧愁，这种忧愁无法排解。“越陌度阡，枉用相存。契阔谈讌，心念旧恩。”“陌”“阡”，都是指田间小路，东西向叫“陌”，南北向叫“阡”；“枉”，枉驾，屈驾；“用”，以；“存”，探问，问候；“契阔”，久别重逢；“讌”，通“宴”；“旧恩”指往日的情谊。这四句意思是：（客人，即指人才）穿过纵横交错的小路，枉驾来访。主客久别重逢，欢快畅谈，念念不忘往日的情谊。前四句诗人把寻求贤才生动地比作“欲上青天揽明月”，借以表明求贤不得的苦闷和忧思；后四句描写贤才既得，喜不自胜，欢乐无穷的情景。

第四节抒写诗人对犹豫不决的贤才的关切和渴望天下贤才尽归自己的抱负。既是准确而形象的写景笔墨，也有比喻的深意。这四句诗生动刻画了那些犹豫彷徨者的处境与心情，然而作者不仅丝毫未加指责，反而在浓郁的诗意中透露着对这些人的关心和同情。这恰恰说明曹操很会做思想工作，完全以通情达理的姿态来吸引和争取人才。而像这样一种情味，也是充分发挥了诗歌所特有的感染作用。最后四句画龙点睛，明明白白地披肝沥胆，希望人才都来归我，确切地点明了此诗的主题。“周公吐哺”的典故出自《韩诗外传》，据说周公为了接待天下之士，有时洗一次头，吃一顿饭，都曾中断数次，这种传说当然是太夸张了。不过这个典故用在这里却突出地表现了作者求贤若渴的心情。“山不厌高，海不厌深”二句也是通过比喻极有说服力地表现了人才越多越好，绝不会“人满为患”。借用了《管子·形解》中陈沆说：“鸟则择木，木岂能择鸟？天下三分，士不北走，则南驰耳。分奔蜀吴，栖皇未定，若非吐哺折节，何以来之？山不厌土，故能成其高；海不厌水，故能成其深；王者不厌士，故天下归心。”（亦见《诗比兴笺》）这些话是很有助于说明此诗的背景、主题，以及最后各句之意的。

这首诗抒发了诗人渴望招纳贤才、建功立业的宏图大愿。言志的同时也抒发了诗人的感情：有人生苦短的忧叹之情，有对贤才的渴求之情，有既得贤才的欣喜之情，有对犹豫彷徨的贤才的劝慰之情，有坚信自己礼贤下士，天下贤才定会归附自己的自信之情。诗人把这些复杂的感情，通过似断似续，低回沉郁的笔调表现了出来。

思考寄语

《短歌行》全诗充分发挥了诗歌的特长，准确而巧妙地运用了比兴手法，来达到寓理于情，以情感人的目的。面对流逝的时光，诗人常常会有功业未就，时不我待的焦灼感。但是诗人并没有消沉颓废，而是积极奋进。诗中虽然充满了深沉的忧叹，但是其中洋溢着一种用心进取的精神，激荡着一股慷慨激昂的感情，给人以鼓舞和力量。生活在新时代的中职生，更应该好好把握这易逝的时光发愤图强，力所能及地为社会做贡献。

9 人间词话（节选）

诵读主体

古今之成大事业、大学问者，必经过三种之境界：“昨夜西风凋碧树。独上高楼，望尽天涯路”，此第一境也；“衣带渐宽终不悔，为伊消得人憔悴”，此第二境也；“众里寻他千百度，蓦然回首，那人却在，灯火阑珊处。”此第三境也。

知人论世

王国维（1877—1927），初名国桢，字静安，浙江海宁（今浙江省嘉兴市海宁）人。王国维是中国近现代时期一位享有国际声誉的著名学者，著述甚丰，有《海宁王静安先生遗书》《红楼梦评论》《宋元戏曲考》《人间词话》《观堂集林》《古史新证》《曲录》《殷周制度论》《流沙坠简》等62种。

王国维早年追求新学，受资产阶级改良主义思想的影响，把西方哲学、美学思想与中国古典哲学、美学相融合，研究哲学与美学，形成了独特的美学思想体系，继而攻词曲戏剧，后又治史学、古文字学、考古学。郭沫若称他为新史学的开山，不只如此，他平生学无专师，成就卓越，贡献突出，在教育、哲学、文学、戏曲、美学、史学、古文学等方面均有深诣和创新，为中华民族文化宝库留下了广博精深的学术遗产。

阅读鉴赏

《人间词话》中的三重境界巧借宋词名句，化抽象为具体，用诗意的凝聚道出了人生至理，可谓匠心独具。这三重境界可简单地概括为“立”“求”“得”。第一境界是在迷茫中树立远大的目标；第二境界是无怨无悔，无惧风雨地执着追求目标；第三境界是在几经磨砺，不懈奋斗后，不经意之间目标得以实现。

“昨夜西风凋碧树，独上高楼，望尽天涯路”出自晏殊的《蝶恋花》。意为：劲厉肃杀的西风凋零了绿树，独自思索着上高楼，清晰地看到远方，看到天涯海角尽头。在孤独中，人更容易自我反思，也更了解自身的追求。当你在迷茫中，不妨尝试一个人独处，静心思考，想想自己未来的目标。俗话说“站得高看得远”，在高处能排除干扰，不为暂时的烟雾所迷惑，如杜甫在登泰山时写下“会当凌绝顶，一览众山小”，立下豪情壮志。

“衣带渐宽终不悔，为伊消得人憔悴”出自柳永的《蝶恋花》。词中的本意是因为思念伊人，而身形日渐憔悴，凸显爱情的相思之苦之深。《人间词话》中用以描述追求目标的执着和坚持。有了目标，追逐的道路是艰辛的，在这个过程中，会遇到各式各样的困难，可能会遭遇一连串的失败，也可能会有各种嘲讽。如果坚持不住，半途而废，那么，目标终究是停留在原位。

“众里寻他千百度，蓦然回首，那人却在，灯火阑珊处”出自辛弃疾的《青玉案》。词中，词人在热闹非凡的元宵节遇到了一位心动之人，在人群中找来找去，猛然回头，发现那人却在灯火阑珊处。在为目标奋斗的过程中，随着经验的积累，能力的提高，当积累的足够了，顿悟了，不经意间过往树立的目标就实现了。

要成大事业、大学问，要经历树立远大目标、不懈奋斗、实现目标的过程。有些人有远大的目标，却不能付诸实践，也有些人在奋斗的过程中不能坚持。在这人生三境中，最考验人，最可能令人退却的是第二境界。

思考寄语

王国维的关于人生治学的三重境界，生动地描述了我们实现梦想所经历的三个阶段：第一阶段是困惑和迷茫，不知道前方的路在哪里；第二阶段是上下求索，风雨兼程，无怨无悔；第三阶段是恍然大悟，通过不懈的努力和奋斗，不经意间已经实现了梦想。在追逐梦想的道路上，贵在行动，贵在坚持，才能达成所愿。

10 教条示龙场诸生（节选）

诵读主体

志不立，天下无可成之事。虽百工技艺，未有不本于志者。今学者旷废隳惰，玩岁愒时，而百无所成，皆由于志之未立耳。故立志而圣，则圣矣；立志而贤，则贤矣。志不立，如无舵之舟，无衔之马，漂荡奔逸，终亦何所底乎？昔人有言："使为善而父母怒之，兄弟怨之，宗族乡党贱恶之，如此而不为善，可也。为善则父母爱之，兄弟悦之，宗族乡党敬信之，何苦而不为善、为君子？使为恶而父母爱之，兄弟悦之，宗族乡党敬信之，如此而为恶，可也。为恶则父母怒之，兄弟怨之，宗族乡党贱恶之，何苦而必为恶、为小人？"诸生念此，亦可以知所立志矣。

知人论世

王守仁（1472—1529），幼名云，字伯安，别号阳明。浙江绍兴府余姚县（今浙江省余姚市）人，因曾筑室于会稽山阳明洞，自号阳明子，世人称"阳明先生"，亦称王阳明。明代著名的思想家、文学家、哲学家和军事家，陆王心学之集大成者，精通儒家、道家、佛家。

1506年，明朝宦官刘瑾专权，王阳明因言获罪，被贬至贵州龙场，担任驿站驿丞。尽管条件恶劣、生活困顿，王阳明仍一扫旧弊，开风气之先，创办龙岗书院，积极授徒讲学、教化民众，吸引大批门生弟子，颇受当地民众拥戴。《教条示龙场诸生》是王阳明在创办书院过程中为龙场诸生（门生弟子）拟定的学习规则，也是其关于教育的基本主张。

阅读鉴赏

译文：

志向不树立，天底下便没有可做得成功的事情。即使是各种工匠、有技能才艺的人，也没有不以立志为根本的。现在的读书人荒废懈怠、贪图安逸而虚度时日，因此一事无成，这都是因为志向未能树立罢了。所以立志做圣人，就可以成为圣人；立志做贤人，就可以成为贤人。志向不树立，就好像没有舵木的船，没有衔环的马，随水漂流，胡乱奔跑，最后又到什么地方为止呢？古人曾说：“假若做善事而父母怒斥他，兄弟怨恨他，族人乡亲轻视厌恶他，这样的善行不做也罢；做了善事父母疼爱他，兄弟喜欢他，族人乡亲尊敬信服他，为什么不去行善而成为君子呢？假若做了坏事但父母都喜爱，兄弟高兴，族人乡亲尊敬信服他，这样的坏事做做也无妨；做了坏事让父母恼怒，兄弟怨恨，族人乡亲都轻视厌恶，为什么一定要去行恶而成为小人呢？”各位弟子想到这些，就可以知晓为什么应立志了。

本文强调为学必须“立志”为先。这个“志”就是“成圣贤”之志，也是作者所处的时代，读书人约定俗成的人生目标和价值追求。文章认为，一旦失去这个志，人就会陷入“如无舵之舟，无衔之马，漂荡奔逸，终亦何所底乎”的困境，从而迷失人生的方向。这也是作者经历人生各种艰难磨砺后的感悟。为了增强论证的说服力，作者假借古人之口来阐释“志”的内涵，即“善恶”的明辨与行为抉择，以启迪门生弟子的心智。文中所借用古人的话，提出多种假设，通过正反对照，让门生弟子亲身体悟并做出选择，该如何立志，该怎样做人，答案不言自明。本文观点鲜明，文字简洁，通过对比性反问，把深奥的论题讲得浅显易懂，毫无说教生硬之感。

思考寄语

有志者事竟成。生命如同海洋，只有鼓起理想的风帆，燃起志向的明灯，荡起拼搏的双桨，立志高远，乘风破浪，方能到达成功的彼岸。无志之人，犹如“无舵之舟，无衔之马，漂荡奔逸”，往往会迷失自我，丧失前进的方向和动力。少年当立凌云志！同学们，你的志向是什么呢？

11 大医精诚（节选）

诵读主体

张湛曰："夫经方之难精，由来尚矣。"今病有内同而外异，亦有内异而外同，故五脏六腑之盈虚，血脉荣卫之通塞，固非耳目之所察，必先诊候以审之。而寸口关尺，有浮沉弦紧之乱；俞穴流注，有高下浅深之差；肌肤筋骨，有厚薄刚柔之异。唯用心精微者，始可与言于兹矣。今以至精至微之事，求之于至粗至浅之思，其不殆哉！若盈而益之，虚而损之，通而彻之，塞而壅之，寒而冷之，热而温之，是重加其疾，而望其生，吾见其死矣。故医方卜筮，艺能之难精者也，既非神授，何以得其幽微？世有愚者，读方三年，便谓天下无病可治；及治病三年，乃知天下无方可用。故学者必须博极医源，精勤不倦，不得道听途说，而言医道已了，深自误哉！

凡大医治病，必当安神定志，无欲无求，先发大慈恻隐之心，誓愿普救含灵之苦。若有疾厄来求救者，不得问其贵贱贫富，长幼妍媸，怨亲善友，华夷愚智，普同一等，皆如至亲之想。亦不得瞻前顾后，自虑吉凶，护惜身命。见彼苦恼，若己有之。深心凄怆，勿避崄巇、昼夜、寒暑、饥渴、疲劳，一心赴救，无作功夫形迹之心。如此可为苍生大医，反此则是含灵巨贼。

知人论世

孙思邈（581—682），京兆华原（今陕西耀州区）人，唐代医药学家，被后世尊称为"药王"。孙思邈自幼聪颖好学，自谓"幼遭风冷，屡造医门，汤药之资，罄尽家产"。他18岁立志学医，"颇觉有悟，是以亲邻中外有疾厄者，多所济益"，20岁时就精通诸子百家学说，尤善言老庄，兼好佛典。孙思邈医德高尚，主张"大医精诚"，屡次拒绝朝廷封赐，隐于山林，行医民间，一生致力于临床和药物研究，在内科、外科、妇科、儿科、五官科及针灸等领域均有很高造诣，撰成《备急千金要方》和《千金翼方》各三十卷，被誉为我国古代医学百科全书，对后世影响深远。本篇内容即节选自其《备急千金要方》第一卷，乃是论述医德规范的一篇经典文献，为历代习医者所推崇。

阅读鉴赏

译文：

晋代学者张湛说："经典的医方难以精通，由来已经很久了。"疾病当中有内在本质相同而外部症状相异的情况，也有内在本质不同而外部症状相同的情况，所以五脏六腑的实或虚，血脉营卫之气的畅通或阻塞，本来就不是单凭人的耳朵眼睛所能辨察的，必须先诊察脉候来判定它。而寸口的寸关尺三部脉象有浮、沉、弦、紧的杂乱，腧穴气血的流通输注有高低浅深的差异，肌肤有厚薄、筋骨有强壮柔弱的区分。只有用心精细的人，才可以同他谈论这些道理。如果把极精细极微妙的医学道理，用最粗略最肤浅的思想去探求它，难道不是很危险吗？如果实证却补益它，虚证却耗损它，泄泻证却使它通利，闭塞证却使它壅阻，寒证却给它用寒凉药，热证却给它用温热药，这是在加重病人的病情，你希望他活，我却见他必死无疑。所以医方、占卜，是难以精通的技艺。既然不是神仙传授，凭什么能掌握其中深奥微妙的道理呢？社会上有些愚蠢的人，读了三年医方，就夸口说天下没有什么病可供他治疗了；等到治了三年病，才知道天下没有现成的方子可以用。所以学医的人一定要广泛深入地探究医学原理，专心勤奋不懈怠，不能道听途说，一知半解，就说已经明白了医学原理。否则，就大大地害了自己呀！

凡是品德医术俱优的医生治病，一定要安定神志，无私欲，无贪求，首先表现出慈悲怜悯之心，决心拯救人类的痛苦。如果有患病来求医生救治的，不管他地位高低、家境贫富、年龄长幼、相貌美丑、关系亲疏，是汉族还是少数民族，是愚笨的人还是聪明的人，一律一视同仁，都存有对待最亲近的人一样的想法，也不能瞻前顾后，考虑自身的利弊得失，爱惜自己的身家性命。看到病人的痛苦烦恼，就像自己遭受一样，内心悲痛，不避忌艰险、昼夜、寒暑、饥渴、疲劳，全心全意地去救护病人，不能产生推托和摆架子的想法，像这样才能称作百姓的好医生。否则，就是人民的大害。

本文从"精""诚"两个角度阐述了从医之人必须具备的两大要素：一是精者，"精研医道、精勤治学、追求精湛的医术"，作者认为医道是"至精至微之事"，故习医之人必须"博极医源，精勤不倦"，方能救病患于苦痛之中；二是诚者，"医德高尚、忠于医道、仁心为民"，作者认为习医之人需有高尚的品德修养，要以"见彼苦恼，若己有之"的感同身受之情，策发"大慈恻隐之心"，以此来"普救含灵之苦"。只有具备了精于医术、诚于患者、德技兼修、心系苍生的高贵品质，方可成为苍生大医！孙思邈堪称中国医学伦理思想的集大成者，其所著《大医精诚》是中国医学史上一颗璀璨的思想明珠，被后世誉为"东方的希波克拉底誓言"，是古往今来医务工作者必读、必知、必行的价值遵循和行为规范，在现代社会仍有其积极意义。

思考寄语

中医药文化价值观是中华优秀传统文化价值体系的组成部分，也是构建社会主义核心价值观的重要源泉。“大医精诚”作为中医药文化价值观的核心要义之一，其蕴含的至精、至诚、至善的精神内涵，不正是与注重精益求精、爱岗敬业、专注创新的“工匠精神”一脉相承、高度契合的吗？同学们，将来无论我们从事何种职业，身处何种岗位，“大医精诚”都将是每个职业人不变的精神追求，不是吗？

12 临江仙·滚滚长江东逝水

诵读主体

滚滚长江东逝水，浪花淘尽英雄。是非成败转头空。青山依旧在，几度夕阳红。

白发渔樵江渚上，惯看秋月春风。一壶浊酒喜相逢。古今多少事，都付笑谈中。

知人论世

杨慎（1488—1559），字用修，号升庵，明代文学家，明代三才子之首，东阁大学士杨廷和之子。他博览群书，后人论及明代记诵之博、著述之富，推杨慎为第一。他又能文、词及散曲，论古考证之作范围颇广。著作达四百余种，后人辑为《升庵集》。

嘉靖三年（1524），当时正任翰林院修撰的杨慎，因“大礼议”受廷杖，被削夺官爵，谪戍终老于云南永昌卫。杨慎到达云南以后，并没有因为被谪戍而消沉，而是经常四处游历，观察民风民情，还时常咏诗作文，以抒情怀。杨慎在云南度过了三十几年，足迹几乎遍布云南。杨慎每到一地都要与当地的读书人谈诗论道，留下了大量描写云南的诗篇。此词即其中一篇。

阅读鉴赏

这是一首咏史词，从全词看，基调苍凉悲壮，回味无穷，读来荡气回肠。此词在渲染苍凉悲壮的同时，又营造出一种淡泊宁静的气氛，并且折射出高远的意境和深邃的人生哲理。作者试图在永不停息的历史长河中探索生命永恒的价值，在成败得失之间寻找深刻的人生哲理，有历史兴衰的感慨，更有人生沉浮的叹息，体现了作者高尚的情操、旷达的胸怀。

词的开篇便以一去不复返的江水比喻历史的进程，无数英雄湮灭在这滚滚洪流中，正所谓“是非成败转头空”，功名利禄、是非成败在历史洪流中不过是过眼云烟，只有秋月春风、青山绿水亘古不变。是啊，人应该从“是非成败”的纠葛中解脱出来，不要执念于一时得失。

思考寄语

这首《三国演义》开篇词，相信大家耳熟能详。词风苍茫，词义宏远深厚。人生是场旅行更是一次修行，而放之于历史长河，个人成败得失又是何其微不足道。作者起起落落的人生经历，以及面对挫折时的淡然从容，提醒我们在实现人生价值的过程中，应该保持一颗平常心，不要患得患失，得之不喜失之不忧，看淡成败，活在当下。

13 子路、曾皙、冉有、公西华侍坐

诵读主体

子路、曾皙、冉有、公西华侍坐。

子曰："以吾一日长乎尔，毋吾以也。"居则曰："不吾知也！如或知尔，则何以哉？"

子路率尔而对曰："千乘之国，摄乎大国之间，加之以师旅，因之以饥馑；由也为之，比及三年，可使有勇，且知方也。"

夫子哂之。

"求，尔何如？"

对曰："方六七十，如五六十，求也为之，比及三年，可使足民。如其礼乐，以俟君子。"

"赤，尔何如？"

对曰："非曰能之，愿学焉。宗庙之事，如会同，端章甫，愿为小相焉。"

"点，尔何如？"

鼓瑟希，铿尔，舍瑟而作，对曰："异乎三子者之撰。"

子曰："何伤乎？亦各言其志也。"

曰："莫春者，春服既成，冠者五六人，童子六七人，浴乎沂，风乎舞雩，咏而归。"

夫子喟然叹曰："吾与点也。"

三子者出，曾皙后。曾皙曰："夫三子者之言何如？"

子曰："亦各言其志也已矣！"

曰："夫子何哂由也？"

曰："为国以礼，其言不让，是故哂之。唯求则非邦也与？安见方六七十，如五六十而非邦也者？唯赤则非邦也与？宗庙会同，非诸侯而何？赤也为之小，孰能为之大？"

知人论世

《论语》，是春秋时期思想家、教育家孔子的弟子及再传弟子记录孔子及其弟子言行而编成的语录文集，成书于战国前期。全书共20篇492章，以语录体为主、叙事体为辅，较为集中地体现了孔子及儒家学派的政治主张、伦理思想、道德观念及教育原则等。作品多为语录，但辞约义富，有些语句、篇章形象生动，其主要特点是语言简练，浅近易懂，而用意深远，有一种雍容和顺、纡徐含蓄的风格，在简单的对话和行动中充分展示了人物形象。

阅读鉴赏

《子路、曾皙、冉有、公西华侍坐》选自《论语·先进》篇，标题为后人所加。文章记录的是孔子和子路、曾皙、冉有、公西华四个弟子“言志”的一段话。生动再现了孔子和学生一起畅谈理想的情形，反映了儒家“足食足兵”“先富后教”“礼乐治国”的政治思想及孔子循循善诱、因材施教的教育方法。

孔子的政治思想既有保守的一面，如他的礼乐治国，实际上是主张恢复西周的礼乐制度，也有积极的一面，如足食足兵先富后教的思想，就具有朴素的唯物主义因素。我们对于孔子的政治思想，既不可不加分析地全盘继承，也不可不加分析地全盘否定。

文章分为两部分，第一部分为1~13段，第二部分为14~17段。孔子是我国历史上第一大教育家。本文第一部分中，孔子对学生的几次回答，以亲切和蔼的长者作风，给谈话者带来轻松和谐的气氛，表现了他教育学生时循循善诱的教学态度。第二部分中，孔子对学生研制的评论各有其侧重点，反映出他因材施教的教育方法。

子路的轻率急躁，冉有的谦虚，公西华的委婉曲致，曾皙的高雅宁静，给人留下极其深刻的印象。是一段可读性很强的文章。

思考寄语

本文突出了孔子“礼”的思想，反映了孔子对学生宽、恭、谦、让的德育思想。这篇文章告诉我们，做人应该正直诚实，不应该虚伪、做作和曲意逢迎。

14 12.5美元的担当

诵读主体

我们要有这样一个信念：迎难而上，敢于担当。

1920年的一天，一个11岁的美国男孩在自家门前的空地上踢足球，一不小心，踢出去的足球不偏不倚地打中了邻居家的玻璃。邻居非常愤怒，向惊慌失措的男孩索赔12.5美元。在当时，12.5美元可是一笔不小的数目，足足可以买125只母鸡！这对于一个每天只有几美分零花钱的小男孩来说，绝对是一笔天文数字。

闯了大祸的男孩没有其他的办法，只好一五一十地向父亲坦白了这件事，希望父亲会帮他承担这个对他来说无论如何也承担不了的责任。然而，一向宠爱他的父亲却拒绝替他承担责任。这让男孩非常为难，他无助地说："我哪有那么多的钱赔给人家啊？"

最后，男孩的父亲拿出了12.5美元，郑重而严肃地对儿子说："记住了，这12.5美元是我借给你的，一年以后你必须如数归还。因为，承担自己犯下的过错是一个人的责任，这个责任在任何时候你都不能逃避。"男孩把钱赔偿给邻居后，开始了艰苦的打工生活。他放弃了平时热衷的各种游戏，把课余时间都利用起来做自己力所能及的工作。经过半年的辛苦工作，男孩终于挣够了12.5美元，把钱还给了父亲。父亲高兴地拍着他的肩膀说："一个能为自己的过失行为负责的人，将来一定会有出息的。"平生第一次，他用自己稚嫩的肩膀担起了自己应该承担的责任。

经济大萧条时期，他的父亲破产了。那个时候，他大学刚毕业，就毅然决然地承担起整个家庭的生活重担。后来，他成为一名知名的节目主持人，在他事业的巅峰时期，出于新闻人的强烈责任感，他批评自己所在电视公司的最大赞助商——通用电器公司，因此不得不离开电视界，从此投身政界。在他登上梦想的"宝座"的时候，一场更大的经济危机横亘在他的面前，让他前行之路困难重重。这一次，他依然没有退缩，肩负起了引领当时世界上的第一强国走出困境的责任。他又一次成功了，8年后，他把一个开始复苏的国家交到了继任者的手中。他就是美国第40任总统罗纳德·威尔逊·里根。

后来里根总统在回忆自己小时候打碎窗玻璃这件事时说："一个人要勇

敢地承认自己的错误，要勇敢地承担自己的责任。只有勇于承担责任的人，才能成为一个大有作为的人。”

知人论世

本文选自《哈佛家训》。罗纳德·威尔逊·里根（1911—2004）美国政治家，第33任加利福尼亚州州长（1967—1975），第40任美国总统（1981—1989）。在踏入政坛前，里根也曾担任过运动广播员、救生员、报社专栏作家、电影演员和励志讲师，他的演说风格高明而极具说服力，被媒体誉为“伟大的沟通者”。

阅读鉴赏

担当是一种义务，是每个人内心对自己的严格要求，担当是一种精神，是每个人内心深处的光明，是人生活的道德标准。小里根在闯下祸之后，并没有选择逃避，在父亲的帮助下勇敢地承担了后果，用自己辛勤的劳动偿还了父亲的12.5美元的债务，在过程中学会了担当和责任。里根的故事告诉我们，承担责任，能赢得别人的信任，得到别人的帮助和支持；承担责任，能促进自己成长，激励自己充分发挥个人潜能，克服种种困难，去实现自己的奋斗目标；承担责任，能获得自尊和自信，在履行责任中增长才干，获得社会的承认和赞誉。

思考寄语

敢于担当，肩负责任；敢于担当，坚守责任；敢于担当，敢为人先。责任是任何人从平凡走向优秀的第一步。责任承载着能力，一个充满责任感的人才有机会充分展现自己的能力。责任是人的一种立足之本，更是走向成功的必要品质。

15 自己身上的快乐源泉

诵读主体

古希腊哲学家都主张，快乐主要不是来自外物，而是来自人自身。苏格拉底说：享受不是从市场上买来的，而是从自己的心灵中获得的。德谟克利特说：一个人必须习惯于反身自求快乐的源泉。亚里士多德说：沉思的快乐不依赖于外部条件，是最高的快乐。连号称享乐主义祖师爷的伊壁鸠鲁也说：身体的健康和灵魂的平静是幸福的极致。

人应该在自己身上拥有快乐的源泉，它本来就存在于每个人身上，就看你是否去开掘和充实它。这就是你的心灵。当然，如同伊壁鸠鲁所说，身体的健康也是重要的快乐源泉。但是，第一，如果没有心灵的参与，健康带来的就只是动物性的快乐；第二，人对健康的自主权是有限的，潜伏的病魔防不胜防，所以这是一个不太可靠的快乐源泉。

相比之下，心灵的快乐是自足的。如果你的心灵足够丰富，即使身处最单调的环境，你仍能自得其乐。如果你的心灵足够高贵，即使遭遇最悲惨的灾难，你仍能自强不息。这是一笔任何外力都夺不走的财富，是孟子所说的“人之安宅”，你可以藉之安身立命。

由此可见，人们为了得到快乐，热衷于追求金钱、地位、名声等身外之物，无暇为丰富和提升自己的心灵做一些事，是怎样地南辕北辙啊。

知人论世

本文摘自周国平文集《生命的品质》。周国平，1945年7月25日生于上海，哲学博士。中国社会科学院哲学研究所研究员，中国当代著名学者、散文家、哲学家、作家，是中国研究哲学家尼采的著名学者之一。代表作品《人与永恒》《人生哲思录》《善良·丰富·高贵》等。

阅读鉴赏

有的人，虽然家财万贯，但过大的欲望和过多的贪念，也会使他活得痛苦不堪。有的人，哪怕在粗茶淡饭中，也能知足常乐，活得坦然和心安。

所以说，人活着，过日子，其实就是过“心态”。心态好，深陷泥潭，也可伸手摘星。心态不好，身在福窝，也笑不出来。

心态好的人都是内心充实的人。他们有自己独立的思想，有为之奋斗的目标和追求，对待事情的态度更积极更主动也更乐观，更容易获得快乐。孔子的弟子颜回一箪食，一瓢饮，却能安贫乐道。是因为他热爱学习，学习带给他足够的满足和快乐。他的快乐源自内心的丰足。由此可见，内心的充盈与否无关乎外物多寡。

周国平说：“一个专注于精神生活的人，物质上的需求自然是十分简单的。因为他有重要得多的事情要做，没有工夫关心物质方面的区区小事。他沉醉于精神王国的伟大享受，物质享受不再成为诱惑。”“一个人越是珍视心灵生活，他就越容易发现外部世界的有限，因而能够以从容的心态面对。”

思考寄语

怎样才能有好心态呢？要向内求。当一个人有了更高层次的精神追求，就不会沉溺于物质享受。当你专注于精神生活，就会不断地发现自我、完善自我，最终成为更好的自己。请记住：快乐源于自己！

16 根

诵读主体

我是根，
一生一世在地下
默默地生长，
向下，向下……
我相信地心有一个太阳
听不见枝头鸟鸣，
感觉不到柔软的微风，
但是我坦然
并不觉得委屈烦闷。
开花的季节，
我跟枝叶同样幸福
沉甸甸的果实，
注满了我的全部心血。

知人论世

牛汉（1923—2013），本名史承汉，后改名牛汉，曾用笔名谷风，山西省定襄县人。现代著名诗人、文学家和作家，“七月”派代表诗人之一。

1940年牛汉开始发表文学作品。著有诗集《彩色的生活》、散文集《童年牧歌》等。本诗《根》选自北岛主编的《给孩子的诗》一书。

阅读鉴赏

牛汉在《根》这首诗中塑造了一个不卑不亢、甘于平凡、心向太阳、无私奉献的崇高形象。

诗人拿根和枝叶作比较，枝叶在地表做贡献，根在地下做贡献，枝叶可以听见虫鸣，可以感觉微风，然而根不能。诗人通过根这个意象赞颂那些为了共同的伟大目标而心甘情愿默默贡献自己的力量，不图享受，不辞劳苦，坦然面对艰苦的环境，不求名利，只在共同辛勤努力所得的成果上得到完全的心满意足和慰藉的人。

“根”让人想起无数在平凡岗位上默默奉献的人。国家的繁荣富强需要我们共同的努力，每个工作岗位都是被需要的，少了哪个都不行。

个人事业或有大小之分，但敬业做事之心绝无高下之别。任何平凡岗位上都有值得我们学习和付出的东西，都需要专业的技能与素养。每项工作干到极致都是优秀。只要我们能够脚踏实地、爱岗敬业，每个平凡岗位都能成就不平凡。

思考寄语

社会不仅需要“红花”，更需要像“根”那样默默工作、无私奉献的人。再寻常的工作，只要做专做精，一样能收获充实，赢得尊重。

17 爱岗敬业的励志小故事（一）

诵读主体

卡菲瑞先生回忆起比尔·盖茨小时候时曾这样叙述：

1965年，我在西雅图景岭学校图书馆担任管理员。一天，有同事推荐一个四年级学生来图书馆帮忙，并说这个孩子聪颖好学。

不久，一个瘦小的男孩来了，我先给他讲了图书分类法，然后让他把已归还图书馆却放错了位的图书放回原处。

小男孩问：“像是当侦探吗？”我回答：“那当然。”接着，男孩不遗余力地在书架的迷宫中穿来插去，不一会儿，他已找出了三本放错地方的图书。

第二天他来得更早，而且更努力。干完一天的活后，他正式请求我让他担任图书管理员。又过了两个星期，他突然邀请我去他家做客。吃晚餐时，孩子的母亲告诉我他们要搬家了，到附近一个住宅区。孩子听说要转校，就担心地问："我走了谁来整理那些站错队的书呢？"

我一直记挂着他。但没过多久，他又在我的图书馆门口出现了，并欣喜地告诉我，那边的图书馆不让学生干，妈妈把他转回我们这边来上学，由他爸爸用车接送。"如果爸爸不带我，我就走路来。"

其实，我当时心里便应该有数，这小家伙决心如此坚定，又能为人着想，则天下无不可为之事。不过，我可没想到他会成为信息时代的天才、世界首富。

知人论世

比尔·盖茨，全名威廉·亨利·盖茨三世。1955年10月28日出生于美国华盛顿州西雅图，企业家、软件工程师、慈善家、微软公司创始人、中国工程院院士（外籍）。

比尔·盖茨13岁开始计算机编程设计，18岁考入哈佛大学，1975年与好友保罗·艾伦一起创办了微软公司，比尔·盖茨担任微软公司董事长、CEO和首席软件设计师。他从1995—2007年连续13年成为《福布斯》全球富翁榜首富，连续20年位居《福布斯》美国富翁榜首富。

阅读鉴赏

从这个故事中我们可以看出，年仅10岁的比尔·盖茨对待图书管理员这样的工作，就已经表现出一种超乎同龄人的责任心和敬业精神，所以他后来能在事业上大获成功并非偶然。

在这个世界上，从不缺乏有能力的人，但是既有能力又有责任心的人才是每个企业都想要的。

责任心，是人们生活态度和事业成功的基石，是工作质量和工作成果的保障。每个人的能力有大有小。但是没有责任心的人，能力再大不出力、不作为乃至乱作为，可以说能力越强，破坏力越强，小则误事，大则会给公司带来重大损失。相反，有责任心的人不论对待工作还是家庭，都会想尽办法把事情做好，即使一开始能力不足，也会在不断实践和学习、感悟中提高能力，最终成为专业上的"行家里手"。

思考寄语

在职场中，如果你是老板招聘员工，在试用期发现其中一个人对工作很有责任心，但是工作能力尚有欠缺；另一个人工作能力较强，但是缺乏责任心。你最终会聘用谁呢？

18 爱岗敬业的励志小故事（二）

诵读主体

杰克在一家贸易公司工作了一年，由于不满意自己的工作，他忿忿地对朋友说："我在公司里的工资是最低的，老板也不把我放在眼里，如果再这样下去，总有一天我要跟他拍桌子，然后辞职不干。"

"你把公司的贸易业务都弄清楚了吗？对于做国际贸易的窍门完全弄懂了吗？"他的朋友问道。

"没有。"

"大丈夫能屈能伸。我建议你先冷静下来，认认真真地对待工作，好好地把他们的一切贸易技巧、商业文书和公司组织完全搞懂搞通，甚至包括如何书写合同等具体事务都弄懂了之后，再一走了之，这样做岂不是既出了气，又能有许多收获？"

杰克听从了朋友的建议，一改往日的散漫习惯，开始认认真真地工作起来，甚至下班了，还留在办公室研究商业文书的写法。

一年之后，那位朋友又遇到他。

"你现在大概都学会了，可以准备拍桌子不干了吧？"

"可是我发现，近半年来，老板对我刮目相看，最近更是委以重任，又升职又加薪，说实话，现在我已经成为公司的红人了！"

"这是我早就料到的！"他的朋友笑着说，"当初你的老板不重视你，是因为你工作不认真，又不肯努力学习；后来你痛下苦功，担当的任务多了，能力也加强了，他当然就会对你刮目相看了。”

知人论世

我们在平时的工作或生活中常常推责于别人，却很少从自己身上找原因。其实，别人的存在与做法一定有其合理性。人不能要求环境适应自己，只能让自己适应环境，改变不了环境和别人，你可以改变自己。

阅读鉴赏

没有谁的人生是一帆风顺的。抱怨不仅无用，甚至有害。越爱抱怨生活的人，越容易陷入诸事不顺的泥沼。“敬人者，人恒敬之；怨人者，人恒怨之。”没有人喜欢和一个爱抱怨的人在一起。

与其抱怨别人，不如改变自己。把抱怨的时间和心思，用到培养和提升自身核心竞争力上。把自己该做的事努力做好，一切都会有所改观，生活也会有惊喜出现。

有一句俗话说得很好：幸福的人不抱怨，抱怨的人不幸福。你要记住：人生路上最大的贵人，就是不抱怨的自己。

思考寄语

抱怨是职场的通病，也是事业成功的大敌。改变自己、认真工作才是真正的聪明。

19 “探界者”钟扬（节选）

诵读主体

拟南芥，一种看起来细弱的草本植物，因为生长快、体型小、分布广、基因组小，常被植物学家比作“小白鼠”，是进行遗传学研究的好材料，全世界几乎有一半的植物学家都在研究它。

在植物学家很少涉足的青藏高原，执着的钟扬发现了它，他把拟南芥栽种在自己位于西藏大学安置房的后院中，把它做成标本带回了复旦大学。

植物学家、科普达人、援藏干部、教育专家……哪一个身份都可以以一种完整的人生角色在他身上呈现，在生命的高度和广度上，他一直在探索自己的边界，直到他生命戛然而止的那天……

2000年，钟扬辞去武汉植物所的工作来到复旦大学。

……为了自己的“种子事业”，他的足迹延伸到了植物学家的“无人区”——西藏。

从他到复旦大学的第二年，钟扬就开始主动到西藏采集种子。2009年，钟扬正式成为中组部援藏干部。据统计，在这十几年间，他收集了上千种植物的4000万颗种子，占西藏特有植物的1/5。

很多人都有这样的疑问，为什么钟扬要收集种子？

“一个基因能够拯救一个国家，一粒种子能够造福万千苍生。青藏高原这个占我国领土面积1/7的地区，植物种类占1/3。有些地方甚至100年来无人涉足，植物资源被严重低估。”钟扬曾在一次公开演讲中这样介绍。

他深扎在此，努力为人类建一个来自世界屋脊的“种子方舟”。

然而，在西藏采集种子更多的是随时出现的高原反应和长时间的体力透支。而钟扬却背着他经典的黑色双肩包，穿着磨白了的“29块钱的牛仔裤”，戴着一顶晒变色的宽檐帽，迈着长期痛风的腿在青藏高原上刷新一个植物学家的极限，连藏族同事都称他为“钟大胆”。

最终，钟扬带着学生在海拔6000多米的珠峰北坡采集到了，被认为是世界上生长在海拔最高处的种子植物——鼠麴雪兔子，也攀登到了中国植物学家采样的最高点。

2003—2017年，钟扬共撰写、翻译、审校了10本科普著作，其中不乏

《大流感》这样的“网红书”。“《大流感》这本书，内容包罗万象，语言风格多变，钟老师对推敲文字乐在其中，他会忽然在吃饭时得意扬扬告诉大家他的译法，当然偶尔会被我们反驳，他也会欣然接受。”赵佳媛回忆。

复旦大学生命科学学院副院长卢大儒分管研究生的培养工作，目睹了不少钟扬在收学生时的“奇葩事儿”。卢大儒发现，当学生和老师进行双向选择时，较差的学生，或者不太好调教的学生，老师不喜欢，就会“流落街头”。还有学生跟导师相处以后有一些矛盾，提出转导师。那么，问题来了，谁来接盘？

这时，身为研究生院院长的钟扬总是负责解决最后的兜底问题。“他总说‘有问题我来’，这是他的一种责任与担当。他说以后在他的位置上，必须承担这个责任，这个位置必须有这种担当。”

钟扬的“暖”是有目共睹的，这更体现在他对学生的关爱上。他从不抛弃、不放弃任何一个学生，更会根据每个学生的特点为他们量身定制一套个性化的发展规划，不让一个人掉队。

钟扬曾说：“培养学生就像我们采集种子，每颗种子都很宝贵，你不能因为他外表看上去不好看就不要对吧，说不定这种子以后能长得很好。”

钟扬的身体条件是不适合长期在高原工作的。2015年，钟扬突发脑出血，对常人来说，这应是一次生命的警告，钟扬却把它理解成工作倒计时的闹钟。

拉琼展示了钟扬2017年6月24日的行程安排：上午到拉萨贡嘎机场，下午3点半参加西藏大学博士生答辩会，5点跟藏大同事和研究生处理各种学科建设和研究生论文等事情，晚11点回到宿舍网上评阅国家基金委各申请书，凌晨1点开始处理邮件，凌晨两点上床睡觉，清晨4点起床，4点半赶往墨脱进行野外科学考察。

钟扬未完成的愿望很多，他希望继续收集青藏高原的种子资料，希望帮助西藏大学学科建设不断提高，希望培养出更多扎根高原的植物学人才……

脑出血之后，医生、亲友、同事都劝钟扬不要再去西藏，说他简直是拿自己的生命做赌注，而他第三次向组织递交了继续担任援藏干部的申请书，成为第八批援藏干部。

2017年9月25日，钟扬忙碌的行程在“出差赴内蒙古城川民族干部学院作报告‘干部创新能力与思维的培养’”之后戛然而止。

而在他双肩背包里的很多张小字条中，他的工作依然很满。

“任何生命都有结束的一天，但我毫不畏惧，因为我的学生会将科学探索之路延续，而我们采集的种子，也许会在几百年后的某一天生根发芽，到那时，不知会完成多少人的梦想。”对于生命的意义，钟扬这样说。

知人论世

本文选自2018年3月发表在《中国青年报》的文章，有删改。

钟扬（1964—2017），湖南邵阳人，复旦大学研究生院院长、生命科学学院博士生导师、著名植物学家，中央组织部第六、七、八批援藏干部，任教17年，在西藏高原收集了上千种植物的种子，为植物界、为国家做出了巨大的贡献。2017年9月25日清晨在出差途中遭遇车祸不幸去世，年仅53岁。2018年3月29日，中央宣传部追授钟扬“时代楷模”称号；2018年6月，获得“全国优秀共产党员”称号；2019年2月，获得“感动中国2018年度人物”荣誉。

阅读鉴赏

科研——是一种使命。钟扬同志历经千辛万苦，进入条件严酷的地方采集标本，收集植物的种子，既不能发表文章，也不能评荣耀称号，钟扬同志做这件事，就是一种使命感驱使着他不畏危险、无私奉献地做着这件事。他发现的一种野生的雄性不育的杂交稻，用来培育成了一种新的杂交稻，解决了中国粮食的一大难题。他收集到的几千种植物的种子，能保存100～400年，能让未来对人类有用，却因为环境的变化导致灭绝的植物再培育出来。这些种子都是他历经千辛万苦、翻山越岭收集来的，有的种子是在海拔6100米的地方收集来的，其中的艰苦是常人难以想象的。没去过高海拔的人，不能理解那种高原的艰难，不会知道那种在高海拔的地方走路都会喘，心跳如跑步一般，更何况还是在6100米的地方翻山越岭。

他是一个教育者。人才对一个地方、一个行业的发展至关重要。他的一生，为西藏培养一个又一个高水平的研究人员。他的很多学生现在都是博士，一些重要领域的研究人员，为这些领域、为国家做出了巨大贡献。

钟扬教授将一生都奉献给了祖国，奉献给了人民。每个领域都离不开像他这样的人，我们现在享受的美好生活，方便的产品都是前人给我们留下的宝贵财富。他的先进事迹值得我们每个人宣传，他的无私奉献，心怀天下的精神值得我们每个人学习，他的艰苦奋斗、不惧艰险、勇于追求的境界是我们每个人都应该崇尚的。

钟扬教授虽然走了，但他永远留在了我们的心中。他在植物学方面的研究，使我们所有人都从中受益。他收集到的上千万颗植物的种子，都是给我们留下的宝贵财富。他的学生，将他的知识，他的先进事迹，一代又一代地传播下去。

思考寄语

他的追求里有无数的别人，唯独没有他自己。钟扬在干事创业的途中坚守初心，在科学研究的路上无私奉献，在涵养人才的路上甘当人梯，在对待学生的时候一视同仁，在为中国发展的道路上奉献出自己无限的爱与忠诚。希望同学们也能够学习钟扬的“种子精神”，把爱国之情、报国之志融入祖国改革发展的伟大事业、融入人民创造历史的伟大奋斗中，共同书写新时代的精彩篇章。

20 打造自己的稀缺性

诵读主体

世间浅近者众，而深远者少，少不胜众，由来久矣。是以史迁虽长而不见誉，班固虽短而不见弹。然物以少者为贵，多者为贱，至于人事，岂独不然？

知人论世

选自《抱朴子》。作者葛洪（283—363），字稚川，自号抱朴子，丹阳郡句容（今江苏句容）人，东晋道教理论家、炼丹家和医药学家，世称小仙翁。所著《抱朴子》继承和发展了东汉以来的炼丹法术，对之后道教炼丹术的发展具有很大影响，为研究中国炼丹史以及古代化学史提供了宝贵的史料。

阅读鉴赏

译文：

世上见识浅薄的人很多，而见识深远的人很少。人少的总是敌不过人多的，这种情况由来已久了。因此司马迁虽然远见卓识但并没有受到称誉，班固虽然目光短浅却也没有受到批评。然而事物还是以稀为贵，以多为贱，反映在人事上，难道就不是如此了吗？

在职场上，具备稀缺性的人更受欢迎。所谓职场上的稀缺性，就是别人没有的我有，别人有的我更优秀。职业安全感也源于你的稀缺性。

一项技能，门槛越低、掌握起来越容易的时候，你被替代的可能性就会越高。而当你不断向上走，建立起更高的技术壁垒的时候，他人要想学会可能并不容易，这时候你的稀缺性就体现出来了。

思考寄语

如何打造自己在职场上的稀缺性，让自己成为一个不可替代的人呢？

首先，你的专业技能必须吃透。你的专业技能越强，在相关领域的不可替代性就越高。你需要不断积累岗位所需的知识、技能和经验，学会自己深度思考，提升所在工作领域的专业度。同时你还要多做难且有挑战性的工作，主动积极地做别人不做的事，跟前辈学经验，一年入门，三年成材，十年精英，二十年行业泰斗！

21 让家国情怀引领"后浪"的逐梦之路（节选）

诵读主体

今日中国的年青一代依然怀有动人的"科学梦"，依然怀有对国家大事的满腔热忱。"孩子，别停止热爱"，这既是前辈对中学生的寄语，也是对所有年青一代的期盼。迎难而上的毅力、说到做到的魄力，是最好的"回信"，也是最生动的科学课、人生课。

日前，"长征七号A"火箭一飞冲天，国人为之振奋，而随着更多幕后故事披露，一封信引发了大家的格外关注。原来，去年该型火箭首飞失利后，一名中学生给科研人员写了封信，除了加油鼓劲，还列出了一长串自己找出的“失利原因”。面对“小大人”的航天梦，“长征七号”总设计师及总指挥亲自回信感谢，并寄语其“早日成长为建设祖国的栋梁之材”。

科技创新“九死一生”，迎难而上的每步，都是学子眼中的“诗与远方”。20世纪90年代，中国航天遭遇连续失利，就曾有青年学子写信鼓励：“挺起你们坚强的胸膛，昂起你们不屈的头颅”“成功永远属于坚忍不拔的攀登者”……情真意切，展现出的学识、眼界、胸怀，无不让人眼前一亮。从过往到今夕，这些滚烫的文字，读罢都让人感慨：后生可畏，“后浪”可期。“来日定闻银箭扶摇直上九万里”，中华少年的家国情怀及科学梦想，流淌于字里行间，在时代前行的浪潮中不断传承、翻涌。

水激石则鸣，人激志则宏。“上九天揽月、下五洋捉鳖”，共和国缔造者的宏愿一步步化为现实，一代代人的科学梦也在接续奋斗、奋勇争先中逐浪向前。国家积贫积弱时，“程开甲们”立下科学救国之志，“把生命置于危险之中”“把国家领向安全地带”；新中国成立后，“陈景润们”勇攀科学高峰，让中国登上“理论的光辉顶点”；改革大潮下，“林鸣们”许下基建强国梦，“建一座大桥、上一所大学”，在伶仃洋上架起耀目“飞龙”……从无到有，从弱到强，一代代科学家、工程师们专注于不同领域，专注于中国技术跃进的每步。放眼今日，从“90后”航天人高喊“我们为梦想而生”，到中学生写下“我们的征途是星辰大海”，老一辈“恰同学少年”的豪情壮志和“振兴中华乃吾辈之责”的赤子之心，仍在指引着新一代砥砺前行。

“少年强则中国强。”青少年时期是人才成长的关键期，引导他们找寻到个人理想与奋进时代的共振点，对于涵养正确世界观、人生观、价值观至关重要。不可否认，一段时间以来，面对市场经济大潮，面对利益分化价值多元的现实，为名利计者川流熙攘，埋头苦研者倒常被说三道四。基础研究学科成了“冷门”，“梦想当科学家”甚至还会被嘲笑，许多年轻人对偶像的一切烂熟于胸，却对国之栋梁的科学家不识几个。有人忧心发问，“年青一代何以离国家叙事越来越远？”这是从历史深处走来的必要提醒，也是中学生与“长征七号A”科研人员书信互勉令人感触的深层原因。透过这份互动，人们真切看到，今日中国的年青一代依然怀有动人的“科学梦”，依然怀有对国家大事的满腔热忱。“孩子，别停止热爱”，这既是前辈对中学生的寄语，也是对所有年青一代的期盼。

“人能走多远？这话不是要问两脚而是要问志向；人能攀多高？这事不

是要问双手而是要问意志。”一代代人朝气蓬勃，向着梦想一次次出发、抵达、再出发，这个国家就能行稳致远，书写更多奇迹。

知人论世

《后浪》是于2020年5月3日（五四青年节前夕）首播，由bilibili网站推出的演讲视频。该视频中，国家一级演员何冰登台演讲，认可、赞美与寄语年青一代：“你们有幸遇见这样的时代，但时代更有幸遇见这样的你们。”截至2020年5月28日21点，《后浪》在bilibili网站达到了2562.2万播放量，27.3万弹幕，156.9万点赞，102.9万转发。2020年11月8日，“后浪”被《青年文摘》评选为“2020十大网络热词 ”。12月4日，“后浪”被《咬文嚼字》评选为2020年度十大流行语。

阅读鉴赏

新时代青年要厚植家国情怀，争做青春逐梦人。当代青年生逢其时，也重任在肩，他们将爱国情、强国志、报国行自觉融入学习与工作中去，中华文明浩瀚无边，青年学生能够体察时代特征，他们走进社区、乡村、基层，聚焦人民的要求和愿望，积极投身调研考察、志愿服务、支教扶贫等，不断涵养爱国主义情感、培育爱国情怀。他们组织各类党史、国史等著作和读本的学习活动，在文化经典中感受国家发展的澎湃动力，在感受革命文化精神品格和红色文化价值意蕴中凝聚爱国情怀。只有把个人的人生理想融入国家民族的共同理想，青春才能焕发最耀眼的光芒。当今中国正处于中华民族伟大复兴的历史关头，这个伟大的时代，为青年人追梦筑梦圆梦提供了广阔的空间、丰润的滋养，新时代青年更要围绕这个宏伟目标，锲而不舍、驰而不息地放飞梦想、挥洒青春，勇于追求“我将无我，不负人民”的至高境界，怀揣对祖国的赤子之情、对民族的赤诚之心，立足岗位做奉献，把家国情怀转化为奋斗激情，勇做中华民族伟大复兴的青春逐梦人。

“志之所趋，无远弗届；志之所向，无坚不入”。面对变化万千的新形势，新时代的“后浪”们应更加珍惜韶华，以德立身、以才立业，使自己的思维视野、认知水平、实践能力跟上越来越快的时代发展，争做有社会担当、专业才能、人文情怀、科学素养和全球视野的弄潮儿、攀登者和逐梦人，在实现中国梦的生动实践中放飞青春梦想，在为人民利益的不懈奋斗中书写人生华章。

思考寄语

家国情怀，是一种稍纵即逝的心灵感触，是生命自觉和精神传承。无论是《礼记》里"修身、齐家、治国、平天下"的人文理想，还是《岳阳楼记》中"先天下之忧而忧，后天下之乐而乐"的大任担当，抑或是陆游"家祭无忘告乃翁"的执着忠诚，以及岳飞的"壮志饥餐胡虏肉，笑谈渴饮匈奴血"的冲天豪气，家国情怀是摄人心魄的文学书写和你我心中的精神归属。

22 不负青春韶华

诵读主体

"我还是从前那个少年，没有一丝丝改变，时间只不过是考验，种在心中信念丝毫未减……"日前，在央视网络春晚的舞台上，平均年龄74岁的清华大学上海校友会艺术团队员们唱起歌曲《少年》，无数观众被他们的活力和激情感动。

人们为何感动？不只因白发苍苍的爷爷奶奶们唱了一首年轻人熟悉的歌，还因为这些曾经的"少年"身上依然葆有可贵的青春精神。少年时代，他们有过无悔而不凡的青春，而后又在奋斗中度过不曾庸碌的岁月；如今，才能意气风发，"历尽千帆，归来仍是少年"。

这些把青春献给祖国的"少年"们已不再年轻，但奉献奋斗的精神，依然有着青春的印记。这种心境与精神，对当下的青年来说，更加值得珍视与借鉴。

青春的精神，是对理想信念的坚定追求。"祖国需要我到哪里，我就到哪里，需要我干什么，我就一定要干好。"舞台上，78岁的吴毓鸣这样说。1968年，他从清华大学水利工程系毕业后服从分配，选择到祖国最艰苦最需要的地方去。把个人理想追求融入党和国家事业之中，是艺术团成员们在年轻时共同的选择。今天的年轻人，依然不惧风雨、勇挑重担，让青春在党和人民最需要的地方绽放绚丽之花。在脱贫攻坚战场上，在创新创业舞台上，在破解科研难题的日夜攻关里，理想之光继续闪耀。

青春的精神，是追梦路上的不懈奋斗。把远大志向变成现实，既要得到真学问、练就真本领，又要有锲而不舍、自强不息的奋斗精神。不怕困难、勇于开拓，顽强拼搏、永不气馁，是青年人奋斗精神的体现。这种精神，依然在今天的年轻人身上闪光。在前不久评出的2020年"最美大学生"中，清华大学学生单思思争分夺秒，在疫情防控中用科研成果守护人民生命安全；武汉科技大学学生闻健主动申请去往西藏，为祖国守边疆、护国旗；上海交通大学学生刘智卓与同学们深入治沙一线，一坚持就是5年……

当传承的青春精神与当下的青春年华交相辉映，意味着青春的延续，也意味着由不同时代、不同个体的"青春之我"，组成"青春之国家，青春之民族"。

每代青年都有自己的际遇和机缘，都要在自己所处的时代条件下书写人生、创造历史。接过历史的接力棒，当代青年应不负时代重托，不负青春韶华，迈向新征程，为实现第二个百年奋斗目标、实现中华民族伟大复兴的中国梦奉献自己的智慧和力量，用青春书写无愧于时代、无愧于历史的华彩篇章。

知人论世

清华大学上海校友会艺术团成立于2008年，队员们大部分都是清华大学理工科的学霸，其中有很多人都是从校园走到婚姻殿堂的眷侣。团员翁蓓华写道："我们豪迈地前行，践行着清华人的契约、担当和奉献精神，在困难面前不退却的民族精神，传承着中华民族的优良传统！"

阅读鉴赏

不负韶华，指不辜负美好的时光、美好的年华。不负青春，不负韶华原句为笃行致远，不负芳华。意为树立远大目标，不负盛名。笃行致远字面的意思是注重实践，知行合一。理论联系实际，言行表里如一。善行而终，才能到达成功的目标；形容一个人不停地提升自己的能力和素养，以注重实践的方式最后才能达到自己的目标。

本文是一篇通讯，展现了清华大学上海校友会艺术团队的卓越风采。唐代诗人孟郊说：“青春须早为，岂能长少年。”在精力最旺盛、最活跃的阶段，做什么样的事情，付出什么样的努力，对人生的发展有重大影响！虽然每天都可以是新起点，但是，最合适做某事的时机错过，很多时候是无法挽回的。所以，第一种辜负，就是不能辜负每段光阴。在文章当中，78岁的吴毓鸣回顾自己的青春，清华大学毕业之后选择到祖国最艰苦最需要的地方，发挥自己的光和热，把个人理想追求融入党和国家事业之中，而这样的举动，是把自己的青春做了价值最大化的选择：为国家为民族奉献。这是不辜负社会对生命的需要。

思考寄语

青春是一个人精神面貌的象征，是昂扬斗志的绝佳时间。也许你会犹豫叹惜，最美的青春若都用来学习，只是索然无味，但没有人会嫌年少时努力太多，到头来只是叹息当时不够勤勉认真。愿君珍惜！

23 做一个战士

诵读主体

一个年轻的朋友写信问我：“应该做一个什么样的人？”我回答他：“做一个战士。”

另一个朋友问我：“怎样对付生活？”我仍旧答道：“做一个战士。”

《战士颂》的作者曾经写过这样的话：

我激荡在这绵绵不息、滂沱四方的生命洪流中，我就应该追逐这洪流，而且追过它，自己去造更广、更深的洪流。

我如果是一盏灯，这灯的用处便是照彻那多量的黑暗。我如果是海潮，便要鼓起波涛去洗涤海边一切陈腐的积物。

这一段话很恰当地写出了战士的心情。

在这个时代，战士是最需要的。但是这样的战士并不一定要持枪上战场。他的武器也不一定是枪弹。他的武器还可以是知识、信仰和坚强的意志。他并不一定要流仇敌的血，却能更有把握地致敌人的死命。

战士是永远追求光明的。他并不躺在晴空下享受阳光，却在暗夜里燃起火炬，给人们照亮道路，使他们走向黎明。驱散黑暗，这是战士的任务。他不躲避黑暗，却要面对黑暗，跟躲藏在阴影里的魑魅魍魉搏斗。他要消灭它们而取得光明。战士是不知道妥协的。他得不到光明便不会停止战斗。

战士是永远年轻的。他不犹豫，不休息。他深入人丛中，找寻苍蝇、毒蚊等等危害人类的东西。他不断地攻击它们，不肯与它们共同生存在一个天空下面。对于战士，生活就是不停的战斗。他不是取得光明而生存，便是带着满身伤疤而死去。在战斗中力量只有增长，信仰只有加强。在战斗中给战士指路的是“未来”，“未来”给人以希望和鼓舞。战士永远不会失去青春的活力。

战士是不知道灰心与绝望的。他甚至在失败的废墟上，还要堆起破碎的砖石重建九级宝塔。任何打击都不能击破战士的意志。只有在死的时候他才闭上眼睛。

战士是不知道畏缩的。他的脚步很坚定。他看定目标，便一直向前走去。他不怕被绊脚石摔倒，没有一种障碍能使他改变心思。假象绝不能迷住战士的眼睛，支配战士的行动的是信仰。他能够忍受一切艰难、痛苦，而达到他所选定的目标。除非他死，人不能使他放弃工作。

这便是我们现在需要的战士。这样的战士并不一定具有超人的能力。他是一个平凡的人。每个人都可以做战士，只要他有决心。所以我用“做一个战士”的话来激励那些在彷徨、苦闷中的年轻朋友。

知人论世

巴金（1904—2005），原名李尧棠，另有笔名有佩竿、极乐、黑浪、春风等，字芾甘。四川成都人，祖籍浙江嘉兴。中国作家、翻译家、社会活动家、无党派爱国民主人士。巴金1904年11月出生在四川成都一个封建官僚家庭，五四运动后，巴金深受新潮思想的影响，并在这种思想的影响下开始了他个人的反封建斗争。1923年巴金离家赴上海、南京等地求学，从此开始了他长达半个世纪的文学创作生涯。巴金撰写的《随想录》，内容朴实、感情真挚，充满着作者的忏悔和自省，巴金因此被誉为“20世纪中国文学的良心”。

阅读鉴赏

做人有各种各样的姿态和选择，巴金先生强调要做一名战士，其意并不在于让每个年轻人拿起枪去上战场。对于人生来说，每个阶段、每个地方都有不同的遭遇，都会面对不同的挑战，把人生当作一场战争，把每个阶段所面临的挑战当作一次战役，以一个战士的态度去勇于面对，这才是作者要表达的思想内容。作为战士就要拥有战士的优点，有强烈的组织性和纪律性，有旺盛的斗志和战斗意志，有绝不屈服的韧性作战精神。更重要的是，战士是追求光明的，是为了人类的前途和明天而战的。对于青年人来讲，只有把自己的前途与命运和国家、民族乃至全人类的命运连在一起，才能在人生战场上取得一场又一场的胜利。

思考寄语

巴金曾说：“我写小说，不仅想发散我的热情，宣泄我的悲愤，并且想鼓舞别人的勇气，巩固别人的信仰。我还想使人从一些简单的年轻人的活动里看出未来中国的希望。”每个人都可以做战士，你认为作为一名中职生如何做一名战士呢？

24 跨越自己

诵读主体

我们可以欺瞒别人
却无法欺瞒自己
当我们走向枝繁叶茂的五月
青春就不再是一个谜
向上的路
总是坎坷又崎岖
要永远保持最初的浪漫
真是不容易
有人悲哀
有人欣喜
当我们跨越了一座高山
也就跨越了一个真实的自己

知人论世

汪国真（1956—2015），现代诗人。曾经在20世纪90年代掀起一股“汪国真热”。他的作品主题积极向上，纯真而超脱。代表作有《年轻的潮》《年轻的思绪》等。

阅读鉴赏

这首诗歌运用象征手法，以“路”“高山”等象征性的意象，告诉了读者如何面对人生目标。

整首诗分为三个诗节，第一诗节中“我们可以欺瞒别人/却无法欺瞒自己”，很多时候你骗得了别人，却骗不了自己，告诉我们做人与其自欺欺人，不如脚踏实地，去迎接“枝繁叶茂的五月”。

第二诗节通过“路”这个象征性意象表达了诗人对人生之路的看法，也解开了青春之谜，告诉我们“向上的路”往往“坎坷又崎岖”，唯有不放弃，不退缩，同时守住自己的初心，方能赢得生活的青睐。

第三诗节，月有阴晴圆缺，人有悲欢离合，自古难以周全。人生总是风雨相伴，我们能做的是鼓起勇气，永远不要停下追求梦想的脚步，跨越一个个过去的自己，创造一片崭新的天地。

思考寄语

世上最难的事可能就是认识自己，我们要学习认识自己的方法，多方面多角度认识自己的优缺点，弥补不足和缺陷，发挥自身优势，做一个对社会有用的人，用自己的技术技能去奉献社会，实现自己的人生价值。“既然选择了远方，便只顾风雨兼程。”

25 扛船赶路

诵读主体

一个寻求人生真谛的青年，千里跋涉来到一位老禅师面前。禅师见他随身带着一个巨大的包裹，便问他包里装了些什么。青年回答说：“里面装的是我每次跌倒时的痛苦，每次受伤后的哭泣，每次孤寂时的烦恼……靠着这个包裹，我才能来到这里。”

禅师点点头，带着青年坐船过了河。上岸后，禅师指着船说：“扛上船，我们再赶路！”

“船太大太沉，我根本扛不动！”青年很诧异。

“这就对了，你的确扛不动它。”禅师笑道，“船是用来过河的。过了河，我们就要舍船步行。不然，船就不再是船，是包袱。痛苦、寂寞、灾难、眼泪，这些能使生命得到升华，但须臾不忘，就成了人生的包袱。生命不可太负重，放下它吧。”

青年顿悟，放下了那包裹着种种痛苦的包袱。

知人论世

寓言是用比喻性的故事来寄托意味深长的道理，并给人以启示的文学体裁，字数不多，但言简意赅。

阅读鉴赏

其实在这个世上，有许多事，是我们没办法强求的。无论是想要留住的人，还是想要挽回的事，如果尽了心、使了力后，还是不能如愿以偿，就不如选择淡然地放手。

不要总用过去的错，去惩罚自己；也不必总拿他人的过，来伤害自己。把往事清零，轻装前行。让自己拥有的实物最少，让自己持有的信念最简。里里外外，敞亮通透，所执最少，御风而行。

过去的已经过去，未来的还未到来。就像昨天的太阳，晒不干今天的衣裳；明天的风雨，淋不到今天的自己。人活着，别想太多，该忘的忘，该放的放，让往事随风，让心归于宁静，微笑前行。

思考寄语

生命经不起太多岁月的负荷，要想走得更远，就需要卸下沉重的包袱，轻装上阵。放下痛苦、寂寞、烦恼和悔恨，带上梦想、热爱、勇气和毅力，一路向前！